Home Automation with t

Marco Schwartz

Contents

Legal   5

Acknowledgments   5

About the Author   5

About the Companion Website   6

Preface   7

1 Introduction   8
   1.1 Who Is This Book For?.   8
   1.2 Organization Of The Book   9
   1.3 Prerequisites. 9

2 First Home Automation Project with the Raspberry Pi 11
   2.1 Hardware & Software Requirements 11
   2.2 Configuring the Hardware 13
   2.3 Configuring Your Raspberry Pi 15
   2.4 Using the Sensor 16
   2.5 Using the PowerSwitch Tail Kit 17

2.6	Using the Camera	18
2.7	Summary	20

3 Controlling Your Raspberry Pi Remotely 21

3.1	Configuring Your Raspberry Pi	21
3.2	Controlling the Lamp Remotely	22
3.3	Displaying the Measured Data	27
3.4	Monitoring with the Raspberry Pi Camera	28
3.5	Summary	30

4 The Raspberry Pi as an Home Automation Hub 31

4.1	Hardware & Software Requirements	31
4.2	Configuring Your Motion Sensor	34
4.3	Testing a Motion Sensor	34
4.4	Configuring the Motion Sensor to Use XBee	36
4.5	Configuring the Raspberry Pi as a Hub	40
4.6	Summary	46

5 Control an Electrical Heater from Your Raspberry Pi 47

5.1	Hardware & Software Requirements	47
5.2	Hardware Configuration	48
5.3	Building the Interface	50
5.4	Using the Project	55
5.5	How to Go Further	56

6 Control Phillips Hue Lamps from Your Pi 57

6.1	Hardware Requirements	57
6.2	Hardware Configuration	57
6.3	Getting Your Hue Parameters	58

6.4	Testing the Hue	59
6.5	Controlling the Hue Lamp from Your Pi	61
6.6	How to Go Further	64

7 Building a Multi-Room Audio System 65

7.1	Hardware & Software Requirements	65
7.2	Hardware Configuration	65
7.3	Installing Squeezebox on Your Computer	66
7.4	Configuring Your Raspberry Pi	67
7.5	How to Go Further	69

8 Use your Raspberry Pi as a Media Center 70

8.1	Hardware Requirements	70
8.2	Hardware Configuration	71
8.3	Installing Kodi on your Pi	71
8.4	Using your Pi as a Media Center	72
8.5	Using Accessories to Improve Your Media Center ..	75
8.6	How to Go Further	77

9 Connecting Your Raspberry Pi to Cloud Services 78

9.1	Your Online Dashboard with Dweet.io & Freeboard.io ...	78
9.2	Sending Twitter Alerts	84
9.3	Accessing Your Pi From Anywhere	89
9.4	Summary	90

10 Video surveillance with the Raspberry Pi 91

10.1	Hardware & Software Requirements	91
10.2	Hardware Configuration	91
10.3	Testing the Camera	92

10.4	Local Video Streaming	93
10.5	Building a Video Surveillance System	95
10.6	How to Go Further	97

11 Control your Raspberry Pi from your Smartphone 99

11.1	Configuring Your Raspberry Pi	99
11.2	Controlling the Lamp From Your Phone	99
11.3	Reading Data from your Mobile Device	103
11.4	How to Go Further	106

12 Conclusion 107

12.1	How to Go Further	107

13 Resources 109

13.1	General Information About the Raspberry Pi	109
13.2	Components	109
13.3	Suggested Reading	109

Legal

Copyright ©2015 by Marc-Olivier Schwartz

All rights reserved. No part of this book may be used or reproduced in any manner whatsoever without permission except in the case of brief quotations embodied in critical articles or reviews.

Every effort has been made in the preparation of this book to ensure the accuracy of the information presented. However, the information contained in this book is given without warranty, either expressed or implied. Neither the author nor the dealers & distributors of this book will be held liable for any damages caused or alleged to be caused directly or indirectly by this book.

First edition: January 2015

Acknowledgments

To all my friends who encouraged me while writing this book.

To my parents who supported me during all projects I worked on in my life, even in tough times.

To my girlfriend Sylwia for supporting me and encouraging me in everything I do. You are my source of inspiration I need to get up every day and continue to work hard to become a better entrepreneur and a better person. Thank you.

About the Author

I am Marco Schwartz, and I am an electrical engineer, entrepreneur and author. I have a Master's degree in Electrical Engineering & Computer Science from one of the top Electrical Engineering school in France, and a Master's degree in Micro Engineering from the EPFL university in Switzerland. I also own a PhD from the University of Heidelberg in Germany, where I worked in microelectronics.

I have more than 5 years of experience working in the domain of electrical engineering. My interests gravitate around electronics, home automation, the

Arduino & Raspberry Pi platforms, open-source hardware projects, and 3D printing.

Since 2011 I have been working full-time as an entrepreneur, running websites with information about open-source hardware and building my own open-source hardware products.

About the Companion Website

This book has a companion website, Open Home Automation, which you can easily find by going at http://www.openhomeautomation.net. On this website you will find even more projects and resources around home automation and open-source hardware.

All the code that can be found in this book can also be accessed online at https://github.com/openhomeautomation/home-automation-raspberry-pi. This GitHub repository for the book contains all the latest up-to-date code for all the projects you will find in this book.

To download the code from GitHub, you can simply go on the GitHub page and click on the "Download ZIP" button.

If at any moment you are encountering an issue while reading this book, like some code that won't compile or a project that doesn't work, please contact me directly on the following email:

contact@openhomeautomation.net

In case you need additional help with the projects you will find in the book, another good place to visit is the Open Home Automation community on Facebook:

https://www.facebook.com/groups/887670837946701/

Also, if you bought this book on the Amazon Kindle platform, it would be amazing if you could leave a review there. It helps me a lot to get feedback about the book, and to create an even better edition of the book in the future. Thanks!

Preface

I first started using the Raspberry Pi 1 year after I discovered the Arduino platform. Coming from a strong embedded systems background, I had a preference towards the Arduino platform. However, I quickly found out that the Raspberry Pi was an amazing platform, really easy to use, and was the perfect board to realize complex home automation systems.

With this book, I wanted to give you an overview of what you can do with the Raspberry Pi for home automation. This book is concise, but packed with content so you can learn the essentials about how to use the Raspberry Pi to build home automation systems.

The book is really designed as a logical progression from the basics of home automation with the Raspberry Pi, to using the Raspberry Pi as the 'hub' of a much more complex home automation system that you will also connect to web services. At the end, you will have the required knowledge to use the Raspberry Pi for your home automation projects, whereas it is a simple project around the board itself, or if it is a larger project where you want to use the Raspberry Pi as a central hub in your home. Enjoy!

ChangeLog

This section tracks all the changes that were made in the book. If you have any issue with the content of this book and decide to contact me, please indicate which version you read so I can help you out in the best way possible.

- Version 2.0 (November 25, 2015): Several chapters added in the book.
- Version 1.1 (May 25, 2015): Minor code fixes.
- Version 1.0 (January 22, 2015): Initial release of the book.

1 Introduction

You probably have heard all about what you can do with the Raspberry Pi. This credit-card sized computer can be plugged into your TV or any HDMI monitor to replace a typical computer. This little device is used in many computer projects, DIY electronics projects and even as a learning tool for kids who want to learn the basics of computer programming.

But among all, the Raspberry Pi is the perfect board for home automation. It is cheap, powerful, and can be interfaced with many sensors and actuators that are usually found in any home automation system. By using the Raspberry Pi, you can build an home automation system that is tailored for your home.

As we will see in this book, it is also very easy to extend the capabilities of the Raspberry Pi using other platforms like Arduino. This is great to make the Raspberry Pi the hub of your home automation system. The Raspberry Pi can also be connected wirelessly to many external systems and devices, as it can be connected to WiFi, XBee, or Bluetooth devices by using the right hardware extensions.

Finally, the Raspberry Pi is also the perfect platform to connect your home automation systems to the Internet of Things, as it can easily be interfaced with web services like Twitter.

All of these points make the Raspberry Pi the ideal platform to build home automation systems, and this is exactly what you will learn to do in this book.

1.1 Who Is This Book For?

This book is for all the people who want to use the Raspberry Pi platform to build home automation systems.

This book is also for the people who are currently building home automation systems with other platforms like Arduino, and who want to extend their knowledge, for example by using the Raspberry Pi as the hub of their home automation system.

Finally, this book is also for people who just want to learn more about how to use the Raspberry Pi and get knowledge in electronics & programming.

1.2 Organization Of The Book

The book is organized in several chapters, which are made to build on top of each other. We will start with the very basics, and then build on what we are learning to end up with a complete home automation hub based on the Raspberry Pi.

In the first chapters, we are going to see the basics of home automation with the Raspberry Pi: we will learn how to connect home automation components to your Pi, and how to control your home automation projects remotely.

Then, we will see how to use the Raspberry Pi as the home automation & multimedia hub of your home. We will not only see how to connect open-source devices like Arduino boards to your Pi, but we will also connect commercially available devices to the Pi, like the Phillips Hue Lamp system. We will also see how to use the Raspberry Pi for multimedia applications.

Finally, at the end of the book, we will go into more advanced projects, like how to connect your Raspberry Pi to cloud services, use it for video surveillance, and control it from a smartphone.

1.3 Prerequisites

To use this book, you will need to have some basic skills in programming & electronics. It is recommended that you have some basic experience with JavaScript and with client/server interactions.

On the electronics side, a basic experience is required, as you will need to connect sensors to the Raspberry Pi. However, with the detailed explanations that you will find in every chapter of the book, you will be able to follow the different projects without difficulties.

To use all the projects found in this book, you will also need a fully functioning Raspberry Pi, configured with the Raspbian Linux distribution, and connected to the Internet. If you need help doing that, you will find all the required resources on the official Raspberry Pi webite:

https://www.raspberrypi.org/

In this book, I will also usually access my Raspberry Pi via SSH, from my own computer. You can learn more about how to do that here:

https://www.raspberrypi.org/documentation/remote-access/ssh/

However, you can perfectly do all the projects of this book directly on your Raspberry Pi, for example if it is connected to an external display.

2 First Home Automation Project with the Raspberry Pi

In this first chapter of the book, you will discover more about the Raspberry Pi. You'll learn how to configure and use it in your very first home automation project.

We'll go about the set up, step by step. We're going to study the basic components which are always used in home automation projects: sensors, outputs and the Raspberry Pi camera module for monitoring. In this chapter we'll test these different components used in the other projects of the book.

Here are the major takeaways that we will be seeing in this chapter:

- Firstly, we will learn how to configure the project. We will list all the hardware and software that we will need in completing the project. From these components, we will be building a simple system that we will use through this whole book.
- Next, we will test the sensor via the Adafruit Python library. We'll do that by having a digital display inside the terminal of the measured weather elements.
- After that, we'll proceed testing the PowerSwitch Tail Kit module. We'll use it to control any electrical appliance in your home.
- Then finally, we will see if the camera works as desired. We will learn how to capture and properly view the images that we have captured using the camera module attached to the Pi.

2.1 Hardware & Software Requirements

For this home automation project, we will need the Raspberry Pi, the Raspberry Pi camera module, a DHT11 sensor, the PowerSwitch tail kit and a cobbler kit to connect the Raspberry Pi to a breadboard.

As for the Raspberry Pi, you can use any version when doing this project or any other project found in this book.

Below is the picture of the some of the components used in this project:

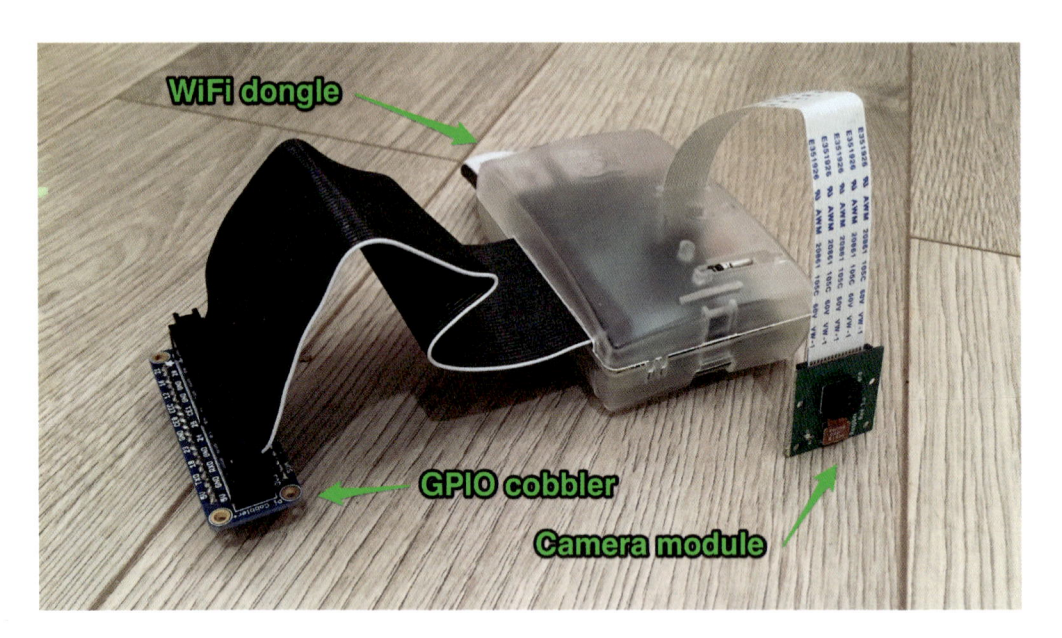

As mentioned before, you can use any model of Raspberry Pi. The newest model is the B+ which has more USB ports, more GPIO, 4 mounting holes, a micro SD card slot and a better dual step-down power supply for 3.3V and 1.8V.

The camera module exclusively works with a Raspberry Pi. It can be connected to the Pi through one of the board's two sockets located on the upper surface. It also has a dedicated CSI interface which is capable of high data rates in pixel data.

The DHT11 sensor is a humidity and temperature sensor which makes use of capacitive humidity sensor and a thermistor. You can readily interpret the digital data from its output, provided that your digital timing is right, which is what we will do in this chapter.

The PowerSwitch tail is an opto-isolated 120V, 3-pronged extension which has a relay board integrated in the middle. With this, you can easily switch loads and wire up your own relays.

Lastly, you'll be needing a breadboard and a set of jumper wires.

For a quick reference, here is a list of all required components for this project. You can find the links of the actual components that I've used in this project below:

- Raspberry Pi A/A+ or B/B+ model (http://www.adafruit.com/product/1914)
- Raspberry Pi camera module (http://www.adafruit.com/products/1367)
- DHT11 sensor + 4.7 kOhm resistor (http://www.adafruit.com/products/386)
- PowerSwitch Tail Kit (http://www.adafruit.com/products/268)
- Cobbler kit (depends on your Raspberry Pi model)
- Breadboard (http://www.adafruit.com/products/64)
- Jumper wires (http://www.adafruit.com/product/758)

2.2 Configuring the Hardware

Now, we are ready to configure the hardware. This circuit is a simple one. The steps are laid out for you. All you have to do is follow them.

Below is the schematic for this project to help you out:

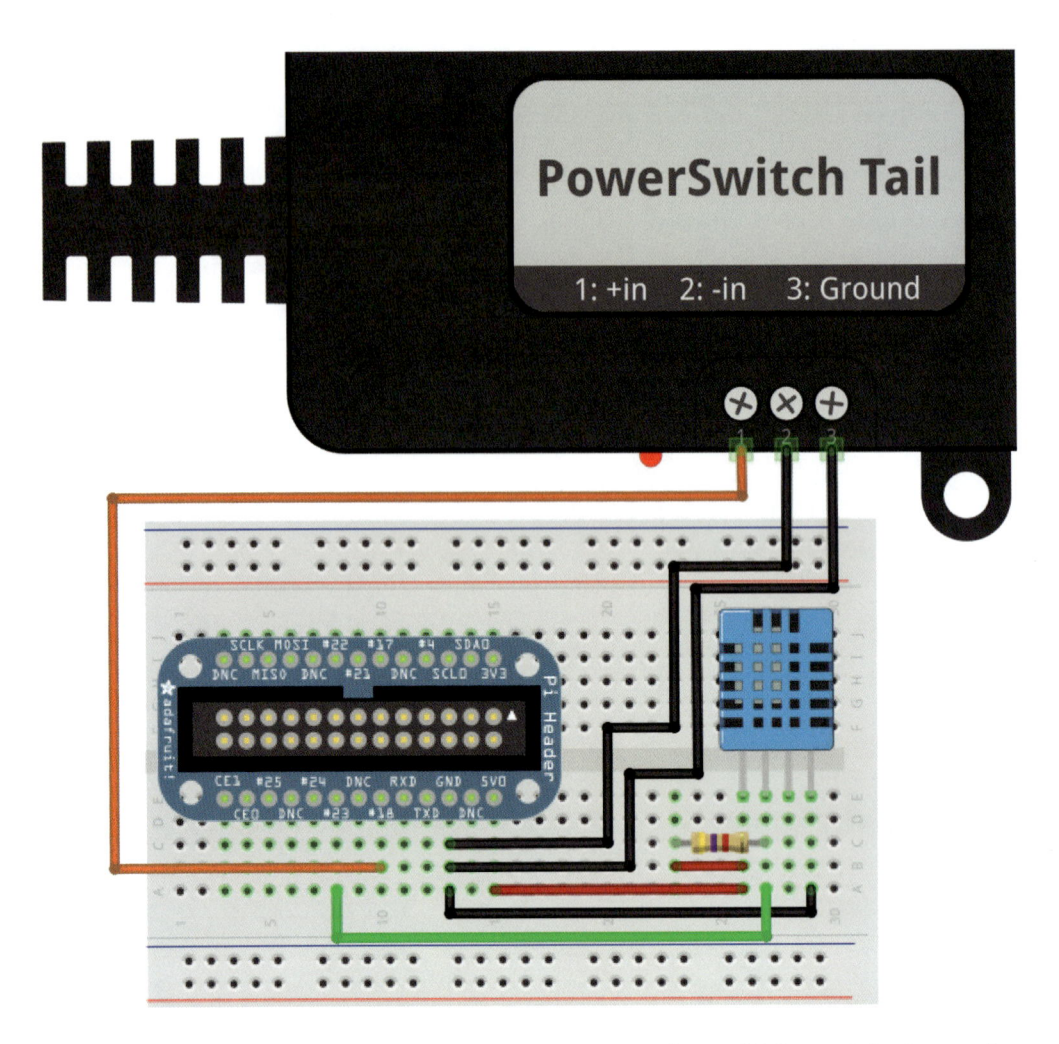

The first thing that we will do is to connect the cobbler cable from the Raspberry Pi to the breadboard.

Next, place the DHT11 sensor on the opposite of the cobbler to give space for the wires later on. Connect pin 1 of the sensor to Raspberry Pi 5V, pin 2 to Raspberry Pi pin number 23 and pin 4 to Raspberry Pi GND pin. Insert a 4.7k Ohm resistor between the sensor's pin 1 and pin 2.

For the PowerSwitch tail kit, connect the In+ pin to Raspberry Pi's pin 18. The other two pins should be connected to the Raspberry Pi GND. You can also try to connect a lamp or any electrical device to the kit, so it can be controlled from the Raspberry Pi. For example, I connected a 30W lamp to the PowerSwitch.

As for camera, simply insert it's ribbon cable into the Pi.

Here is the picture of the entire hardware when everything was connected:

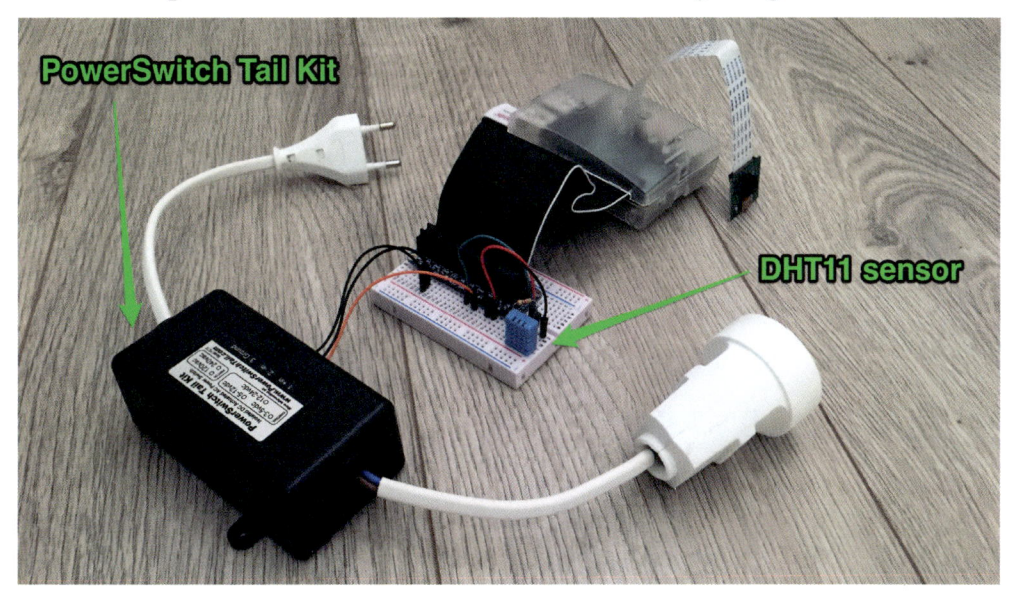

2.3 Configuring Your Raspberry Pi

On the software side of things, we will use Raspbian for the whole book. If it's not done yet, look for it from the link below and download that operating system:

http://www.raspberrypi.org/downloads/

The Raspberry Pi website details very well the steps to install Raspbian on your Raspberry Pi. Instructions for installing your downloaded OS can be found here:

http://www.raspberrypi.org/documentation/installation/installing-images/README.md

After you have downloaded and installed Raspbian, you need to boot your Pi. When it starts again, go into a terminal. For this book, I will log in remotely via WiFi (Ethernet is also fine of course), but know that you can also do everything from the Pi itself, if you have it connected to an external monitor.

If your Pi was already configured successfully, type the code below into the terminal:

```
sudo apt-get update
```

Followed by the code below:

```
sudo apt-get upgrade
```

These commands will update all the libraries on your Pi.

2.4 Using the Sensor

After installing the operating system on the Pi that we need to control our hardware, we can now test the DHT11 sensor. We'll do this via Python. Go to terminal and type the code below:

```
sudo apt-get install build-essential python-dev
```

Then after that, type the code below to download the Python DHT code from Adafruit:

```
git clone https://github.com/adafruit/Adafruit_Python_DHT.git
```

Let the download finish before typing this code:

```
cd Adafruit_Python_DHT
```

Then, type this command to install the library:

```
sudo python setup.py install
```

Go to the 'examples' folder by typing:

```
cd examples/
```

Now, you need to edit the file `simpletest.py` to change the sensor type. To edit files on your Raspberry Pi, I recommend using Leafpad that comes pre-installed with the Raspberry Pi Linux image.

You can also use a text editor on your computer and edit the file via your network connection to the Raspberry Pi, which is what I usually do.

Inside the file, you need to change this line:

```
sensor = Adafruit_DHT.DHT11
```

You should also change the pin of the sensor:

```
# Example using a Beaglebone Black with DHT sensor
# connected to pin P8_11.
# pin = 'P8_11'

# Example using a Raspberry Pi with DHT sensor
# connected to pin 23.
pin = 23
```

Finally, you can now launch the software from the terminal:

```
sudo python simpletest.py
```

The line above would call the results and you should see the following:

Temp=23.0C Humidity=33.0%

2.5 Using the PowerSwitch Tail Kit

After interpreting the results from the sensor and displaying the measurements on the terminal, you can opt to connect a lamp or any other electrical device like a toaster to indicate that the device is working.

To do that, you need to connect the lamp or other device to the PowerSwitch Tail Kit. You also need to connect the other side of the PowerSwitch Tail Kit to the mains electricity.

Then, we need to install some software to control the GPIO pins of the Raspberry Pi. Go to a terminal and type this code:

```
git clone git://git.drogon.net/wiringPi
```

After that, go to the 'wiringPi' folder and start building. Execute these steps by typing in the code below:

```
cd wiringPi
./build
```

After that, we should indicate the pin of the PowerSwitch as an output:

```
gpio -g mode 18 out
```

Then, activate the pin:

```
gpio -g write 18 1
```

With this, the device, a lamp, toaster or whatever electronic device you have used, should turn on. To turn the device off again, change the last number on the above code to 0.

2.6 Using the Camera

To enhance the home automation project, you can add a camera to take pictures of the surrounding area.

To do this, you first need to activate the camera with raspi-config tool:

```
sudo raspi-config
```

Select enable camera, enter, then finish.

For more information about configuring the camera on the Raspberry Pi, you can refer to the guide found on the link below:

http://www.raspberrypi.org/documentation/usage/camera/README.md

To take a picture, type in the following code in the terminal:

```
raspistill -o cam.jpg
```

However, this picture will be upside down. To rotate it and make it easier to view, you better use the code below instead:

```
raspistill -vf -hf -o cam.jpg
```

Type in the code below to view the picture you have captured:

```
gpicview cam.jpg
```

Here is a sample captured picture. It is a snapshot of me holding another Raspberry Pi:

2.7 Summary

Congratulations in building your first home automation project using the Raspberry Pi! This is just a start of the amazing electronics projects that you could build using the Raspberry Pi.

Let us recap what we have done and learned this chapter. First of all, we have configured the Raspberry Pi in preparation for the projects for this book. We have installed the Raspbian OS into the Pi and we have connected the DHT11 sensor, PowerSwitch Tail Kit and the Pi Camera module in order to build a home automation project.

We have learned how to control sensors, how to control the outputs of the Pi from a terminal and how to take and view the images from the camera module.

In the next chapter, we will be learning how to control our Pi remotely using Pi-aREST to access the project through WiFi or Ethernet. We will also be building a simple remote interface as a way to control the Pi.

3 Controlling Your Raspberry Pi Remotely

In the first chapter of this book, we have learned the basics of the Raspberry Pi, especially about its inputs and outputs. We have created a simple circuit and integrated different elements like sensors, a lamp control and camera into the Raspberry Pi. We have also learned how to program and test these components.

In this chapter, we are going to learn how to control our Pi remotely. With this project, you will be able to control the projects installed inside your home through an Ethernet connection or via WiFi. To do so, we will use the aREST framework, which will give us a nice and easy way to integrate all components into a single interface.

There are lots of things you can do with this project. For instance, you can monitor a room's weather measurements and create your own camera security system. The hardware will be similar to the project that we built in Chapter 1. If you have done it, you can readily use it.

Here is an overview of what we are going to do in this chapter:

- We will interface the project to a server based on Node.js and the aREST framework. This server will have access to all the components connected to the Raspberry Pi.
- Then, we will create a nice graphical interface that will enable us to control the Raspberry Pi remotely via Ethernet or WiFi.

Let's start!

3.1 Configuring Your Raspberry Pi

Because you'll be recycling the circuit that we have made in Chapter 1, we no longer need to configure a new one. You can go back to the previous chapter if you haven't done the hardware yet.

We have also installed an operating system on the Raspberry Pi during the last chapter. If it is not done yet, also refer to the previous chapter for the instructions.

You may use any model of Raspberry Pi for the projects found on this book.

So basically, the first thing that we need to do is to install a driver for the BCM2835 chip to read the data from the DHT11 sensor via Node.js.

Download and install chip drivers by following the instructions on this page:

http://www.raspberry-projects.com/pi/programming-in-c/c-libraries/bcm2835-by-mike-mccauley

Note that the whole project is based on Node.js. It will act as a server from which we can access all the functions of our Raspberry Pi.

If your Pi doesn't have Node.js installed yet, you need to install it.

First connect to the Pi via SSH, or open a terminal directly on your Pi if you are using an external screen.

Then, add the apr.adafruit.com package repository to the sources.list file in your Raspberry Pi. The file path is /etc/apt/sources.list. To do that, enter the command below in the terminal:

`curl -sLS https://apt.adafruit.com/add | sudo bash`

After doing that, proceed to install the latest version of Node.js using apt-get as shown in the commands below.

`sudo apt-get install node`

After that, you can check if your Node.js has correctly been installed by typing the code below in the terminal:

`node -v`

The current version of Node.js should be displayed in the terminal.

3.2 Controlling the Lamp Remotely

The next thing that we are going to do is control the lamp. To do this, we will build the core of the Node.js application first. This will be the foundation of our application.

The application consists of three parts: the application itself (in Node.js), interface (in Jade, an HTML templating engine), and some client-side JavaScript code to control the application from the interface.

For the application, we need to code a file call app.js. We first need to import the required libraries through this code:

```javascript
var sensorLib = require('node-dht-sensor');
var express = require('express');
var app = express();
```

After that, we will set the view engine to Jade, the language that we will use to write the interface of this project:

```javascript
app.set('view engine', 'jade');
```

Next, we define the main route of the application, which is the interface itself:

```javascript
app.get('/interface', function(req, res){
  res.render('interface');
});
```

Then, we will create the pi-aREST instance which will be responsible for handling all the communications of the project:

```javascript
var piREST = require('pi-arest')(app);
```

If you want to learn more about the aREST framework, you can go visit the official website of the framework:

http://arest.io/

We will give an ID and name to the Pi so we can easily identify it:

```javascript
piREST.set_id('48fj3e');
piREST.set_name('my_RPi');
```

After that, we'll have the Pi read the data from the sensor every 2 seconds. To do so, just type in the code below:

```javascript
var dht_sensor = {
    initialize: function () {
        return sensorLib.initialize(11, 23);
    },
    read: function () {
        var readout = sensorLib.read();

        piREST.variable('temperature',readout.temperature.toFixed(2));
        piREST.variable('humidity', readout.humidity.toFixed(2));

        console.log('Temperature: ' + readout.temperature.toFixed(2) + 'C, ' +
            'humidity: ' + readout.humidity.toFixed(2) + '%');
        setTimeout(function () {
            dht_sensor.read();
        }, 2000);
    }
};

if (dht_sensor.initialize()) {
    dht_sensor.read();
} else {
    console.warn('Failed to initialize sensor');
}
```

We will save the steps on how to display these measurements for later. For now, we will need to start the server:

```javascript
var server = app.listen(80, function() {
    console.log('Listening on port %d', server.address().port);
});
```

Let's take a look at the interface file in Jade, shall we? By the way, if you want to learn more about Jade before proceeding with this step, you can hop on this link:

http://jade-lang.com/

In a file called interface.jade, we need to include Bootstrap (to give a better look to the interface), jQuery and custom JavaScript (to handle clicks on interface):

```
title Raspberry Pi Interface
link(rel='stylesheet',
  href="https://maxcdn.bootstrapcdn.com/bootstrap/3.3.0/css/bootstrap.min.css")
link(rel='stylesheet', href="/css/interface.css")
script(src="https://code.jquery.com/jquery-2.1.1.min.js")
script(src="/js/interface.js")
```

Then, we create two buttons. One is for turning the lamp on and the other one for turning it off again:

```
.container
  h1 Raspberry Pi Interface
  .row.voffset
    .col-md-4
      div Lamp
    .col-md-4
      button.btn.btn-block.btn-lg.btn-primary#on On
    .col-md-4
      button.btn.btn-block.btn-lg.btn-danger#off Off
```

In a client-side JavaScript file called interface.js, we will link the clicks inside the JavaScript file to actions on our Raspberry Pi. These clicks will call the aREST framework that we are using. We just need to call the following command for each pin we want to control:

/digital/pin_number/pin_state

We can easily do this with jQuery:

```
$("#on").click(function() {
  $.get('/digital/12/1');
});

$("#off").click(function() {
  $.get('/digital/12/0');
});
```

After that, we will download the whole code for this part of the chapter. Visit the link below to access all the code:

https://github.com/openhomeautomation/home-automation-raspberry-pi

Now, using the terminal, you need to go inside the folder of this chapter where the app.js file is located.

Then, type this to install the Node.js modules:

```
sudo npm install express jade
```

After that, install the Raspberry Pi aREST module with:

```
sudo npm install pi-arest
```

Then install the Node DHT module with:

```
sudo npm install node-dht-sensor
```

Be patient, those steps can take a while. Finally, start the server with:

```
sudo node app.js
```

We will now see if we can access the Pi. You can do this through the Pi directly or through any computer.

If you're using the Raspberry Pi locally, type the code below:

```
localhost/interface
```

If you're trying to access from any computer, for example via WiFi use this command:

```
raspberry_pi_ip_address/interface
```

Note that you can get the IP address of the Raspberry Pi by typing `ifconfig` in a terminal. This is what you should get:

Raspberry Pi Interface

Lamp   [On]   [Off]

The next thing that we will do is test the buttons. If we push the first one, the lamp should turn on. Pushing the second one should instantly turn the light off.

At this point, you should be able to see that the measured data being displayed in the console. Let's see how to display it in the interface.

3.3 Displaying the Measured Data

In this part, we will add some display for the data measurements made by the DHT11 sensor.

First, we add two fields namely 'Temperature' and 'Humidity' in the interface file:

```
.row.voffset
  .col-md-6
    div#temperature Temperature:
  .col-md-6
    div#humidity Humidity:
```

Then, we create a function in the JavaScript file to refresh the sensors:

```javascript
function refreshSensors() {

  $.get('/temperature', function(json_data) {
    $("#temperature").text('Temperature: ' + json_data.temperature + ' C');

    $.get('/humidity', function(json_data) {
      $("#humidity").text('Humidity: ' + json_data.humidity + ' %');
    });
  });
}
```

We will be executing this function every 5 seconds so it can detect any changes in the surroundings:

```
refreshSensors();
setInterval(refreshSensors, 5000);
```

Once again, you can get the complete code from:

https://github.com/openhomeautomation/home-automation-raspberry-pi

Start the server one more time:

```
sudo node app.js
```

You should be able to see the interface:

Raspberry Pi Interface

| Lamp | On | Off |

Temperature: 21.00 C   Humidity: 34.00 %

The data should be automatically updated every 5 seconds.

3.4 Monitoring with the Raspberry Pi Camera

The final step is to integrate a snapshot from the camera. This will enable you to monitor a room, your garden or any part of your house remotely.

To start, we modify the interface and set the details of the picture like the width and height:

```
.row.voffset
  .col-md-6
    img#camera(width=640, height=360)
```

Then, we include a function in the JavaScript to take a picture every 10 seconds:

```
setInterval(function() {

    // Take picture
    $.get("/camera/snapshot");

}, 10000);
```

And we will update that picture inside the interface every second:

```
setInterval(function() {

    // Reload picture
    d = new Date();
    $("#camera").attr("src","/pictures/image.jpg?" + d.getTime());

}, 1000);
```

You can download the code from:

https://github.com/openhomeautomation/home-automation-raspberry-pi

Now start the server again:

`sudo node app.js`

You should be able to get the picture:

Raspberry Pi Interface

Lamp   On   Off

Temperature: 21.00 C   Humidity: 34.00 %

You will see that the picture is being updated every 10 seconds.

3.5 Summary

That's it! Congratulations, you have successfully controlled your Raspberry Pi remotely. Controlling the Pi remotely from an interface was easy and useful, isn't it?

Let's recap the things that we have done in this chapter. First off, we have used the hardware that we have already built in the last chapter. We have installed the chip drivers and configured the sensors attached to the Pi.

Then, we have made sure that we have Node.js so we can control the lamp remotely through a server running on your Pi. We have programmed the system so that the sensors can deliver data and we displayed this data inside the interface. We did the same with the camera and displayed the pictures that it takes inside the interface.

After that, you can easily access the data and your home automation system from anywhere inside your house.

4 The Raspberry Pi as an Home Automation Hub

In the previous chapter, we have controlled the Raspberry Pi remotely via WiFi or Ethernet. We have done that through the pi-aREST module and by configuring a basic remote interface.

Now, we will be transforming the Pi into an Home Automation hub. The Pi will basically act as the connection point of all the home devices in your network. The whole point of connecting the devices is to make simple automation tasks even easier for you.

Indeed, the Raspberry Pi is a bit limited by itself. For instance, you can't connect analog sensors to it because it contains no Analog-to-Digital Converter (ADC) inside. But, this doesn't mean that we can't do it.

Another limitation is that the Raspberry hub will only work perfectly in one room, which is a big issue. You don't want to have wires running in your whole home for example.

To counter these limitations, we will connect Arduino motion sensors via XBee modules. With this, we will be able to stretch the strength of the signal over the distance and monitor other rooms in your home.

In this project, we will be using only one sensor, but the code is created such that it will automatically adapt to several motion sensors. This is for you to be able to integrate more sensors if you wish. Let's start!

4.1 Hardware & Software Requirements

Before starting, it would help if you can get everything that we will need. By having all the components, you will be able to go through every steps smoothly.

For one XBee motion sensor, you will need an Arduino board. I used an Arduino Uno board for this project.

The next thing that we will need is a motion sensor. For this project, I used a basic PIR motion sensor. This sensor can detect motion within a 20-feet radius. It has an adjustable delay before firing and an adjustable sensitivity.

Next, we need to interface the XBee module with the Arduino board. To connect the XBee module to Arduino, I used a SparkFun XBee shield for Arduino. It integrates a socket for any XBee module. We'll also need a switch to be able to connect and disconnect the XBee module from the Arduino microcontroller serial port. This switch is integrated on the XBee shield. We'll see the importance of this later on in this chapter.

For the XBee modules, I used Series 2 XBee modules with a wire antenna. The Series 1 modules are much easier to use, but the Series 2 versions have the capability of creating meshed networks, and you can also target a given module in a network.

The network is based on XBee ZB Zigbee mesh firmware, making reliable and simple communications between computers, microcontrollers and systems easily possible.

Below is the list of all components for one XBee motion sensor, along with the links where you could purchase them online:

- Arduino Uno (http://www.adafruit.com/product/50)
- PIR motion sensor (https://www.adafruit.com/products/189)
- Arduino XBee shield (https://www.sparkfun.com/products/10854)
- XBee Series 2 module (https://www.sparkfun.com/products/11215)
- Jumper wires (http://www.adafruit.com/product/758)

Now, you need to get your computer an XBee connectivity. Unlike Bluetooth or WiFi, computers don't come with a built-in XBee connectivity.

So, you need to establish this connectivity yourself. To do just that, you can mount an XBee module on your computer through the USB port. XBees modules are flexible and can send data over a serial port. This means that you can send messages to it via the Arduino IDE serial monitor.

I used a Sparkfun USB explorer module to connect the XBee module to my computer. For the XBee module, I have opted to use the same module as for the XBee motion sensors, so a Series 2 module.

Below is a picture of the XBee explorer board with the XBee module mounted on it:

To connect the XBee on your computer, you will need the following components:

- USB XBee explorer board (https://www.sparkfun.com/products/11812)
- XBee Series 2 module (https://www.sparkfun.com/products/11215)

On the software side of things, you will need to have the latest version of the Arduino IDE installed on your computer. Below is the link for download:

http://arduino.cc/en/main/software

You will also need the aREST library for Arduino. The library can be found on the following link:

https://github.com/marcoschwartz/aREST

To install a given library, simply extract the folder in your Arduino /libraries folder. If this folder does not exist yet, you can create it yourself.

4.2 Configuring Your Motion Sensor

We are now going to learn how to build one XBee motion sensor. We're only going to use one sensor. If you want to add more sensors, you can do so. Just repeat the steps for each module.

The configuration of this project is actually very simple. First, plug the XBee shield on the Arduino board and plug one XBee module on the shield. For the PIR motion sensor, connect the GND pin to the Arduino ground, VCC to the Arduino 5V pin, and SIG pin to the Arduino pin 8. You should end up with something similar to the following picture:

Finally, connect the XBee explorer board with the XBee module on it to your Raspberry Pi.

That's it. Easy, huh? Now, we're ready to test the motion sensor.

4.3 Testing a Motion Sensor

To check if the Arduino-based motion sensor is working perfectly, we read its state every 100 ms and print the data. Below is the complete code to do this:

```arduino
// Simple motion sensor
int sensor_pin = 8;

void setup() {
  Serial.begin(9600);
}

void loop() {

  // Read sensor data
  int sensor_state = digitalRead(sensor_pin);

  // Print data
  Serial.print("Motion sensor state: ");
  Serial.println(sensor_state);
  delay(100);
}
```

You can download the code from this link:

https://github.com/openhomeautomation/home-automation-raspberry-pi

After you have downloaded the code, flip the switch on the board towards the DLINE. Upload the code to the board after. Also open the Arduino IDE Serial monitor.

Try waving your hand in front of the sensor. It should be able to detect your motion and should give the following result:

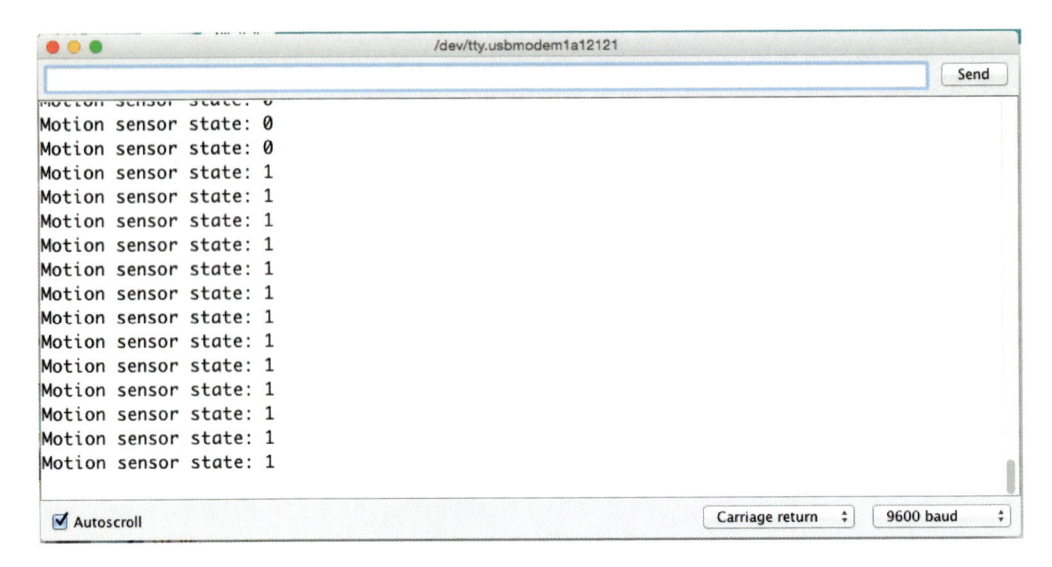

```
Motion sensor state: 0
Motion sensor state: 0
Motion sensor state: 1
Motion sensor state: 1
Motion sensor state: 1
Motion sensor state: 1
Motion sensor state: 1
Motion sensor state: 1
Motion sensor state: 1
Motion sensor state: 1
Motion sensor state: 1
Motion sensor state: 1
Motion sensor state: 1
Motion sensor state: 1
Motion sensor state: 1
```

Great! Your motion sensor is working fine.

However, if you're not getting the desired result, you can check on a couple of things. First, make sure that you have followed the correct hardware configuration. Then, check whether you have uploaded the correct code for this part.

4.4 Configuring the Motion Sensor to Use XBee

In this section, we are going to use the XBee module that is sitting on the XBee shield to access the motion sensor wirelessly. We are going to write a simple Arduino sketch which makes use of the aREST library to receive and handle requests coming from the outside.

The first thing that we have to do is to configure our XBee radios. By default, all XBee modules are configured to use the same communication channel called the Personal Area Network (PAN) ID. It is good to test them as is out of the box.

But it's not fitting to use the module as is because of security reasons. If you leave them with the default PAN ID, they will broadcast messages on all devices with the same PAN ID, including those of your neighbors! That is, if they're using XBees with default IDs too. What's worse is that somebody could actually hack into your XBee sensors from the outside without you knowing.

Next, we need to set the radios correctly by giving them roles. In a Series 2 XBee network, one of the radios act as the 'coordinator' of the network. Without it, the network will simply not function at all. The other radios can be either 'Routers' that can relay messages or 'End Devices' that simply get messages from the network. Since we are only using a simple network in this project, we will just configure the XBee radio connected to our computer to be a coordinator, and the rest of the radios to be end devices.

We need to change all these parameters as planned. We accomplish this by using the official software which configures XBee modules. This software is called XCTU. You can download it from the following address:

http://www.digi.com/support/productdetail?pid=3352&type=utilities

Once you have installed it, open the software, and connect the XBee module that you want to configure to the XBee explorer module. The module should be connected to your computer via USB. By looking at the serial port of the explorer module, you can access the settings of this XBee module.

First, look for the "PAN ID" in the "Radio Configuration" window:

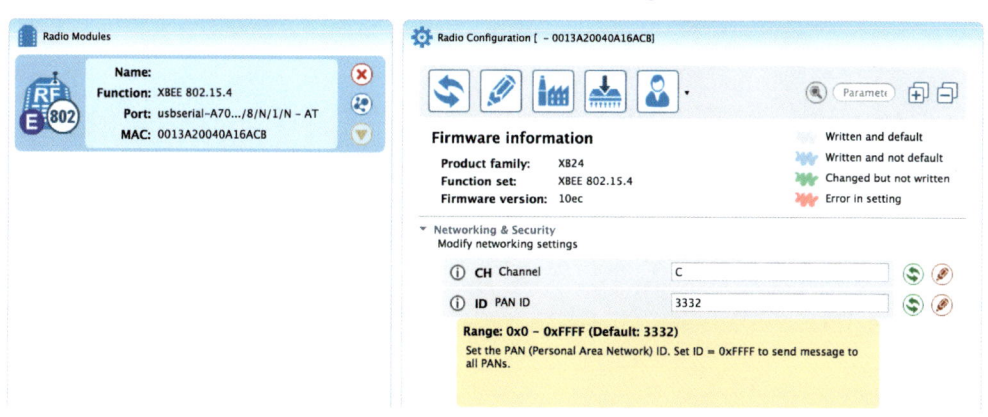

From this menu, you can set the PAN ID for the XBee module that is currently plugged inside the XBee explorer board. Simply repeat the operation for every XBee module that you want to configure.

Now, we will give roles to our XBees. To do so, plug in the 'coordinator' module into the XBee explorer. Add the device using the left menu again. Then, click on the 'Update Firmware' button on the top menu bar (it's the one with a little arrow going into the chip).

From there, you will be able to select the firmware for our coordinator XBee.

Select 'XB24-ZB' on the left, and the 'ZigBee Coordinator API' from the list. Select the latest firmware version and confirm the choice:

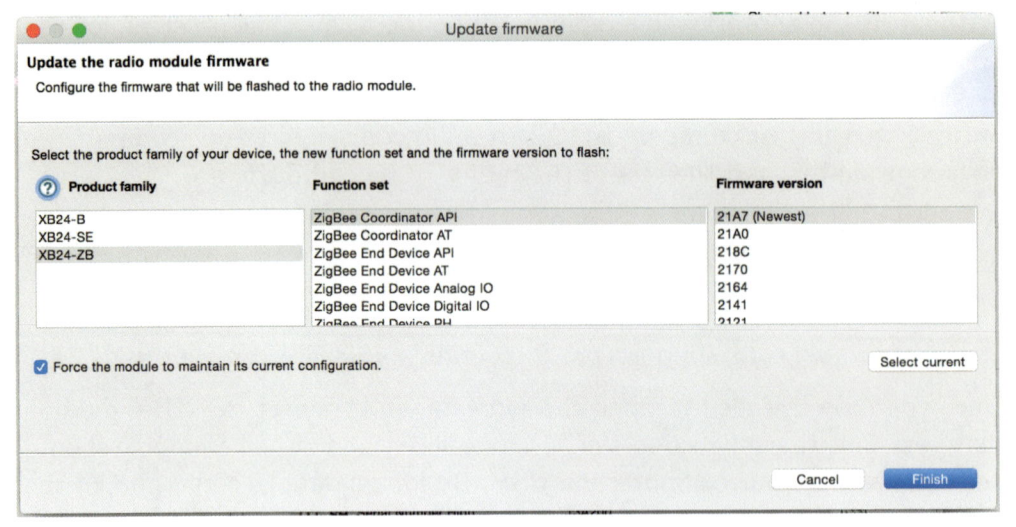

After a while, you should be able to see that your device is now configured as an XBee coordinator in API mode:

For this XBee device, we still need to go down the list of parameters. Browse the code and choose '2' in the API Enable parameter. Then, write the parameter into the XBee radio with the right button:

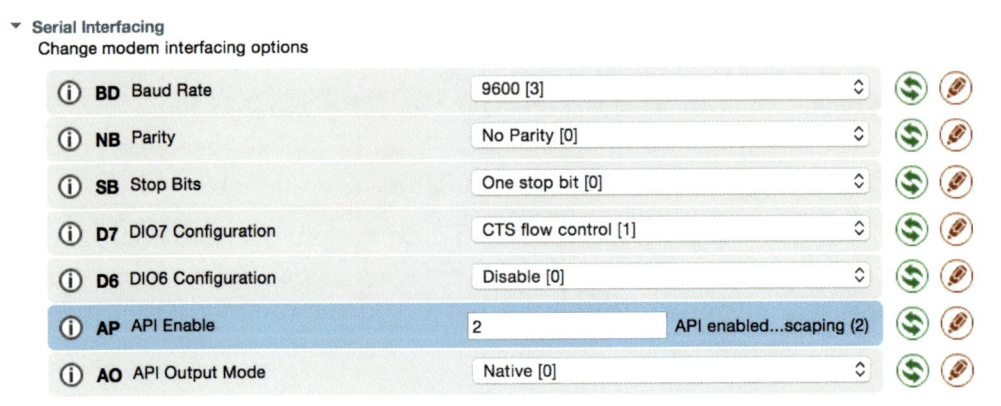

Finally, we need to configure the other XBee radios as end points. Connect each of them to the XBee explorer. You can do this by clicking on the button to write the firmware. Again, select 'XB24-ZB' on the left, and select 'ZigBee End Device AT' from the list. Confirm. This is what you should get:

Then, as our XBee modules are configured, we start writing the Arduino code.

This should import the libraries that we will need:

```
#include <SPI.h>
#include <aREST.h>
```

We then set an ID for the sensor. You should change it for every sensor so you can easily identify each and avoid confusion:

```
char * xbee_id = "1";
```

Import the aREST library for the Arduino:

```
aREST rest = aREST();
```

And start the serial communications:

```
Serial.begin(9600);
```

Next, set the ID and name of each sensor. Again, have unique identifiers for each of the other sensors:

```
rest.set_id(xbee_id);
rest.set_name("motion1");
```

Finally, we handle the requests with the aREST library:

```
rest.handle(Serial);
```

You can download the complete code from the GitHub link below:

https://github.com/openhomeautomation/home-automation-raspberry-pi

Upload code to the Arduino board and flip the switch on the XBee shield to UART.

If you are planning on additional sensors, repeat the whole process for each wireless sensor.

4.5 Configuring the Raspberry Pi as a Hub

Let's now configure the Raspberry Pi as the automation hub. You first have to make sure that the code from the previous chapter is still running. If it is not, then initiate it again by typing:

```
sudo node app.js
```

We will use the Pi as a separate device. Like with the Arduino board, we will now code the interface that will integrate everything.

Notice that the following operation is very similar to the one that we had in the previous chapter. The only difference is that we use the node-aREST module instead of the pi-aREST module. The node-aREST module is intended for the aggregation of the different hardware.

Remember the app.js file? We are now going to code a new similar file, but based on the node-aREST module.

In this new app.js file, include the node-aREST module:

```
var rest = require("arest")(app);
```

At this point, we can now add the XBee devices. The following code will automatically look for all XBee modules in your network. All we have to do is set the name of the serial port. It can be found in /dev and it usually ends with USBx. It should be easy to find it. Refer to the picture below for reference:

Next, set it in the code:

```
rest.addDevice('xbee','/dev/ttyUSB0');
```

Then, include our Raspberry Pi hardware with the sensor, relay control and camera. It is running on default port 80, so you can just include it as `localhost`:

```
rest.addDevice('http','localhost');
```

Just like what we did before, we will define a route to an interface which will encompass everything. We also pass a list of all devices in the system in case we have several motion sensors in the system:

```
app.get('/', function(req, res){
  var devices = rest.getDevices();
  res.render('interface', {devices: devices});
});
```

We now need to do something similar as before for the interface, coded in a Jade file:

```
if (devices != '[]')
  each device in devices
    if (device.type == 'xbee')
      .row.voffset
        .col-md-4
          div Sensor #{device.name}
        .col-md-4
          div.display(id=device.id)
```

Note that the code automatically adapts to the number of motion sensors present.

We then create appropriate displays. Along with that, we also need to create a new client-side JavaScript file.

To do so, we will first add some code for the motion sensors:

```
// Configure XBee sensors
$.get('/devices', function( devices ) {

  // Set inputs
  for (i = 0; i < devices.length; i++){

    // Get device
    var device = devices[i];

    // Set input
    if (device.type == 'xbee') {
      $.get('/' + device.name + '/mode/8/i');
    }

  }

  setInterval(function() {

    for (i = 0; i < devices.length; i++){

      // Get device
      var device = devices[i];
```

```
            // Get data
            if (device.type == 'xbee') {
            $.get('/' + device.name + '/digital/8', function(json_data) {

                    // Update display
                    if (json_data.return_value == 0){
                       $("#" + json_data.id).html("No motion");
                       $("#" + json_data.id).css("color","red");
                    }
                    else {
                       $("#" + json_data.id).html("Motion detected");
                       $("#" + json_data.id).css("color","green");
                    }

            });
          }
        }

     }, 2000);

});
```

What this code does is set all motion sensor pins as inputs. Then, it will read from these sensor pins every 2 seconds. The displays are updated accordingly.

We also need to modify the code for the buttons to make sure that we are calling our Raspberry Pi. Note that compared to before, we are first putting the name of our Pi in the call, followed by the command:

```
$("#on").click(function() {
    $.get('/my_RPi/digital/12/1');
});

$("#off").click(function() {
    $.get('/my_RPi/digital/12/0');
});
```

We will do the same for the DHT sensor:

```javascript
function refreshSensors() {

  $.get('/my_RPi/temperature', function(json_data) {
    $("#temperature").text('Temperature: ' + json_data.temperature + ' C');

    $.get('/my_RPi/humidity', function(json_data) {
      $("#humidity").text('Humidity: ' + json_data.humidity + ' %');
    });
  });

}
```

And for the camera:

```javascript
setInterval(function() {

    // Take picture
    $.get("/my_RPi/camera/snapshot");

  }, 10000);

  setInterval(function() {

    // Reload picture
    d = new Date();
    $("#camera").attr("src",
    "http://192.168.1.103/pictures/image.jpg?" + d.getTime());

  }, 1000);
```

For the camera, you need to change the IP address to match the IP address of your Pi. You can determine your Pi's IP by typing ifconfig in a terminal.

You can get the complete code from the Github repository found on the link below:

https://github.com/openhomeautomation/home-automation-raspberry-pi

Make sure that you have modified the code with your own IP address. Now, using the terminal, you need to go inside the folder of this chapter where the app.js file is located.

Next, type the code below to install the node modules:

```
npm install express arest jade
```

You are now ready to start the server:

```
sudo node app.js
```

You can access the interface for your Raspberry Pi hub from a browser through:

```
localhost:3000
```

You can do the same from any computer:

```
raspberry_pi_ip_address:3000
```

This should be the final result:

Raspberry Pi Interface

| Lamp | On | Off |

Temperature: 21.00 C   Humidity: 34.00 %

Sensor 1   Motion detected

45

Now, try moving your hand in front of the motion sensor to test it.

Congratulations, you have built your very own home automation hub! You can integrate the Raspberry Pi and Arduino boards to spread in targeted areas of your house.

4.6 Summary

Here are the key takeaways what we have done in this chapter.

We have made the Raspberry Pi to act as a hub. To extend its functionality into the different parts of the house, we have connected XBee sensors based on Arduino. We then monitored everything from a central interface.

What you can also do now is exploit the functionalities of Arduino boards that the Raspberry Pi doesn't have, especially analog inputs. With this, you can easily extend your home automation system with analog sensors, for example analog temperature sensors or ambient light sensors.

In the next chapter, we will connect our hub to web APIs and services, so we can control it and monitor the data from the web. For example, we will see how you can access the interface you just created from anywhere in the world.

5 Control an Electrical Heater from Your Raspberry Pi

In this chapter, we are going to see how to build a controller for an electrical heater, in order to regulate the temperature in a room for example.

You will be able to set the temperature you want, and then the heater will be controlled by the Raspberry Pi to reach this temperature. This project will be made using a single heater, by you can of course apply this to several heaters in many rooms.

5.1 Hardware & Software Requirements

The most important part of this project is of course the heater that you will control. For simplicity's sake, we will use a standard electrical heater here, that you can buy in a store and is usually used along other kind of heaters in a room.

Basically, any kind of electrical heater would work for this project, as long as you can directly access the power plug of the heater.

You will also need the following components to control the heater:

- Raspberry Pi (https://www.adafruit.com/product/2358)
- DHT11 sensor + 4.7 kOhm resistor (http://www.adafruit.com/products/386)
- PowerSwitch Tail Kit (http://www.adafruit.com/products/268)
- Cobbler kit (depends on your Raspberry Pi model)
- Breadboard (http://www.adafruit.com/products/64)
- Jumper wires (http://www.adafruit.com/product/758)

5.2 Hardware Configuration

Let's now configure the hardware of the heater controller. Below is the schematic for this project to help you out:

The first thing that we will do is to connect the cobbler cable from the Raspberry Pi to the breadboard.

Next, place the DHT11 sensor on the opposite of the cobbler to give space for the wires later on. Connect pin 1 of the sensor to Raspberry Pi 5V, pin 2 to Raspberry Pi pin number 23 and pin 4 to Raspberry Pi GND pin. Insert a 4.7k Ohm resistor between the sensor's pin 1 and pin 2.

For the PowerSwitch tail kit, connect the In+ pin to Raspberry Pi's pin 18. The other two pins should be connected to the Raspberry Pi GND.

After that, connect the heater to the PowerSwitch, and also connect the PowerSwitch to the mains electricity. Finally, make sure the heater is on, and that it is set to the maximum power available.

5.3 Building the Interface

We are now going to build the interface that will run on the Raspberry Pi, and that will allow us to control the heater. The interface will allow us to set the desired temperature for the room, and then monitor all variables of the project.

First, we will build the app.js file that will be used to send the command to the heater & to read data from the DHT11 sensor.

This is the beginning of the app.js file, where we include all the required libraries and create the web app:

```
// Imports
var express = require('express');
var gpio = require('rpi-gpio');
var sensorLib = require('node-dht-sensor');

// App
var app = express();

// View engine
app.use(express.static(__dirname + '/public'));

// View engine
app.set('view engine', 'jade');
```

After that, we define the variables that will hold the values for the current temperature, the target temperature, and the heater status:

```
var currentTemperature;
var targetTemperature = 20;
var threshold = 1;
var heaterStatus = false;
```

We also define a 1 degree Celsius threshold around the target temperature. This is necessary as we don't want our heater controller to constantly switch between the on & off states.

Then, we define a route to set the value of the target temperature:

```
app.get('/set', function(req, res){

  // Set target temp
  console.log(req.query.target);
  targetTemperature = req.query.target;

});
```

We also set a loop, that repeats every 10 seconds, to check if we crossed one of the thresholds:

```
setInterval(function() {

  // If we crossed high threshold
  if (parseInt(currentTemperature) > (targetTemperature + threshold)) {

    // Set heater off
    gpio.setup(7, gpio.DIR_OUT, function() {
      gpio.write(7, false, function(err) {
        if (err) throw err;
        heaterStatus = false;
        console.log('Heater OFF');
      });
    });

  }

  // If we crossed low threshold
  if (parseInt(currentTemperature) < (targetTemperature - threshold)) {

    // Set heater off
    gpio.setup(7, gpio.DIR_OUT, function() {
```

```
      gpio.write(7, true, function(err) {
        if (err) throw err;
        heaterStatus = true;
        console.log('Heater ON');
      });
    });

  }

}, 10000);
```

We also read data from the temperature sensor every 2 seconds:

```
var dht_sensor = {
    initialize: function () {
        return sensorLib.initialize(11, 23);
    },
    read: function () {
        var readout = sensorLib.read();
        currentTemperature = readout.temperature.toFixed(2);

        console.log('Temperature: ' + readout.temperature.toFixed(2) + 'C, ' +
            'humidity: ' + readout.humidity.toFixed(2) + '%');
        setTimeout(function () {
            dht_sensor.read();
        }, 2000);
    }
};

if (dht_sensor.initialize()) {
    dht_sensor.read();
} else {
    console.warn('Failed to initialize sensor');
}
```

Finally, we start the Node.js app:

```
var server = app.listen(3000, function() {
    console.log('Listening on port %d', server.address().port);
});
```

For the interface, we store everything into a Jade file. This file basically contains the two parts of the interface.

The first part of the interface consists in a text input, where you can set the desired temperature value for your system.

Then, the second part of the important is here to monitor the different variables of the project: the current temperature, the desired temperature, and the status of the heater.

This is the complete interface.jade file:

```
doctype
html
  head
    title Heater Controller
    link(rel='stylesheet', href="https://maxcdn.bootstrapcdn.com/bootstrap/3.3.0/css/bootstrap.min.css")
    link(rel='stylesheet', href="/css/interface.css")
    script(src="https://code.jquery.com/jquery-2.1.1.min.js")
    script(src="/js/interface.js")
  body
    .container
      h1 Heater Controller
      .row.voffset
        .col-md-3
          div Set Temperature
        .col-md-3
          input(type='text', id='target')
        .col-md-3
          button.btn.btn-block.btn-lg.btn-primary#set Set
      .row.voffset
        .col-md-4
          div#temperature Current temperature:
        .col-md-4
          div#targetIndicator Target temperature:
```

```
        .col-md-4
            div#heater Heater OFF
```

Finally, we define a file called interface.js to make the link between the interface & the application.

This is the code the handle the click on the button, and to refresh the indicators:

```
// Function to control the temperature
$(document).ready(function() {

  // Set target temperature
  $("#set").click(function() {

    var target = $('#target').val();
    console.log(target);
    $.get('/set?target=' + target);

  });

  // Refresh sensor data
  refreshSensors();
  setInterval(refreshSensors, 5000);

});
```

This is the function used to refresh the different indicators:

```
function refreshSensors() {

  $.get('/temperature', function(json_data) {
    $("#temperature").text('Current temperature: ' + json_data.temperature + ' C');
  });

  $.get('/target', function(data) {
    $("#targetIndicator").text('Target temperature: ' + data.target + ' C');
```

```
  });

    $.get('/heater', function(json_data) {
      $("#heater").text('Heater ' + json_data.heater);
    });
}
```

5.4 Using the Project

It's now time to test the project. You can grab all the code from:

https://github.com/openhomeautomation/home-automation-raspberry-pi

Put all the files in a folder on your Raspberry Pi, go to this folder with a terminal, and type:

`sudo npm install express jade`

After that, install the Raspberry Pi aREST module with:

`sudo npm install rpi-gpio`

Then install the Node DHT module with:

`sudo npm install node-dht-sensor`

Be patient, those steps can take a while. Finally, start the server with:

`sudo node app.js`

Now, navigate to your Raspberry Pi using your favorite web browser, on port 3000. For example:

`http://192.168.0.104:3000`

You will immediately see the interface for your heater controller:

Heater Controller

| Set Temperature | 25 | Set |

Current temperature: 22.00 C   Target temperature: 25 C   Heater ON

You can now set the temperature from the interface. Try to set it much higher than the current temperature for example: the heater should immediately turn on.

5.5 How to Go Further

In this project, we built a controller for an electrical heater, that you can control from your Raspberry Pi. The project uses a simple temperature sensor and a PowerSwitch Tail Kit to control the heater according to what the user wants.

You can of course take what you learned in this project, and add several heater controllers in your home. You can then control them all via a single interface, for example by communicating via Ethernet between several Raspberry Pi boards.

6 Control Phillips Hue Lamps from Your Pi

In this chapter, we are going to do something different that we did so far. Instead of interfacing our Raspberry Pi with electrical components and make DIY projects, we are going to connect the Pi to a commercial home automation device: the Phillips Hue system.

The Phillips Hue is a system of wireless light bulbs that can be controlled remotely, to turn on or off, but also to fade or even to change color.

The whole system is controlled by a small hub that connects to your WiFi network. In this chapter, we are going to see how to integrate the Phillips Hue lamps into an interface running your Raspberry Pi using the Hue API. Let's start!

6.1 Hardware Requirements

For this project, you will need the Raspberry Pi you have been using so far. You won't need any additional components.

You will of course also need the Phillips Hue system. There are no specific requirements, but you need the Hue hub plus at least one Hue light bulb.

6.2 Hardware Configuration

Before going further, you need to make sure that your Hue system is installed and completely configured.

In particular, you need the Hub to be connected to your WiFi network, and at least one lamp installed & connected to the Hub. You can get all the instructions from:

http://www2.meethue.com/en-us/about-hue/get-started/

There is nothing else you should do with your Raspberry Pi: just make sure that it is still connected to your WiFi router via your local network, either via WiFi or Ethernet.

6.3 Getting Your Hue Parameters

Now that your Hue is completely configured, we need to get some parameters from your Hue system so we can interface it later with the Raspberry Pi.

The first parameter you need to get is your username. Simply log to the Hue website at:

https://my.meethue.com

You will be able to log in with your Hue account:

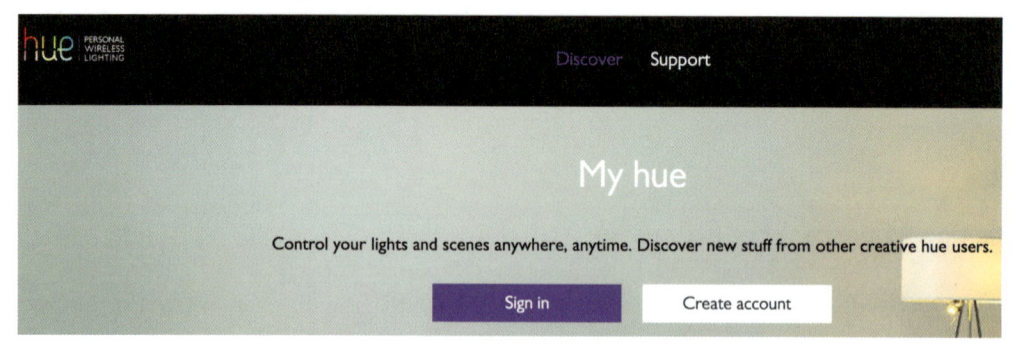

Inside your account, you will be able to get your user name:

Finally, you also need the IP address of your Hue hub. There are many ways you can get it, which are listed inside the official Hue documentation:

http://www.developers.meethue.com/documentation/getting-started

The best method that I recommend is simply to visit the following URL:

https://www.meethue.com/api/nupnp

Once you have the IP address of the hub and your username, you can proceed to the next step.

6.4 Testing the Hue

We are now going to write a simple Node.js application just to test if we can control the Hue lamps from your Raspberry Pi. This application will simply connect to your Hue hub, turn the first light bulb on, and turn it off again.

This is the complete code for this part:

```
// Import Hue API module
var hue = require("node-hue-api"),
    HueApi = hue.HueApi,
    lightState = hue.lightState;

// Display result & errors
var displayResult = function(result) {
    console.log(result);
};

var displayError = function(err) {
    console.error(err);
};

// Hue configuration
var host = "192.168.0.129",
    username = "your-user-name",
    api = new HueApi(host, username),
    state = lightState.create();

// Turn the lamp with ID '1' on
api.setLightState(1, state.on())
```

```
    .then(displayResult)
    .fail(displayError)
    .done();

// Turn the lamp with ID '1' off
api.setLightState(1, state.off())
    .then(displayResult)
    .fail(displayError)
    .done();
```

Let's now test this application on your Raspberry Pi. First, copy this code in a file called hue_test.js or grab the code from the GitHub repository of the book:

https://github.com/openhomeautomation/home-automation-raspberry-pi

Now that you need to modify the code with your own Hue hub IP address & username:

```
var host = "192.168.0.129",
    username = "your-user-name",
    api = new HueApi(host, username),
    state = lightState.create();
```

Now, go to the folder where the file is located, and type:

sudo npm install node-hue-api

Then, start the application with:

sudo node hue_test.js

You should immediately see the first light bulb connected to your Hue hub turning on & off again.

6.5 Controlling the Hue Lamp from Your Pi

Now, we want to actually control your Hue light bulb from the Raspberry Pi using a graphical interface. We are again going to use the Express framework to do that.

First, we need to add some code to include Express into our app:

```
var express = require('express');
var app = express();

// View engine
app.set('view engine', 'jade');

// Set public folder
app.use(express.static(__dirname + '/public'));
```

We also define two routes in our app, one to turn the light bulb on, and the other to turn it off again. This is the route to turn it on:

```
app.get('/on', function(req, res){

  // Turn the lamp with ID '1' on
  api.setLightState(1, state.on())
      .then(displayResult)
      .fail(displayError)
      .done();

});
```

We also define a route for the interface:

```
app.get('/', function(req, res){

  res.render('interface');

});
```

Finally, we start the application:

```
var server = app.listen(3000, function() {
    console.log('Listening on port %d', server.address().port);
});
```

Now, let's define the interface of the project, that we will store in a file called interface.jade. We will basically define two buttons in our interface. This is the complete file for the interface:

```
doctype
html
  head
    title Home Automation Interface
    link(rel='stylesheet',
      href="https://maxcdn.bootstrapcdn.com/bootstrap/3.3.0/css/bootstrap.min.css")
    link(rel='stylesheet', href="/css/interface.css")
    script(src="https://code.jquery.com/jquery-2.1.1.min.js")
    script(src="/js/interface.js")
  body
    .container
      h1 Hue Control
      .row.voffset
        .col-md-4
          div Hue Lamp #1
        .col-md-4
          button.btn.btn-block.btn-lg.btn-primary#on On
        .col-md-4
          button.btn.btn-block.btn-lg.btn-danger#off Off
```

Finally, we use some Javascript to link the interface & the application:

```
// Function to control hue lamp
$(document).ready(function() {

  // Click on buttons
```

```
$("#on").click(function() {
  $.get('/on');
});

$("#off").click(function() {
  $.get('/off');
});

});
```

Let's now test this interface to control your Hue lamp. Grab the code from:

https://github.com/openhomeautomation/home-automation-raspberry-pi

Again, you need to modify the code with your Hue hub IP address & your Hue username.

Then, go the folder where the files are located on your Pi, and type:

`sudo npm install node-hue-api express jade`

Then, start the application with:

`sudo node hue_control.js`

Then, navigate with your browser to your Raspberry Pi on port 3000, for example:

`http://192.168.0.104:3000`

You should immediately see the interface. Try to click on one of the buttons: you should see the Hue light bulb turning on or off.

6.6 How to Go Further

In this chapter, we built a project to control Hue lamps remotely from your Raspberry Pi.

There are of course many more you can do with what we saw in this project. You can for example use the Hue API to control all the light bulbs connected to your Hue hub. You can also use the API to change the color of your Hue light bulbs, for example by defining a slider inside the interface.

I really recommend that you check all the possibilities offered by the API by visiting the official Node.js Hue module page:

https://github.com/peter-murray/node-hue-api

7 Building a Multi-Room Audio System

An essential part of any modern home automation system is the sound system in your home. Indeed, there are now great systems that allow you to completely control what music is playing in which room in your home.

However, those systems can be really expensive, and usually come with proprietary software. In this chapter, we are going to see how to build a similar solution, only by using several Raspberry Pi boards.

7.1 Hardware & Software Requirements

Let's first see what you need for this chapter. It can be as simple as a Raspberry Pi board (connected to your local network) directly connected to speakers using the 3.5mm jack of the Raspberry Pi.

For better sound quality, I recommend using an external USB sound card between your Pi & speakers. You can for example check out this model:

https://www.adafruit.com/products/1475

You can also use a Raspberry Pi hat to give better audio features to your Pi, like the HiFiBerry hat:

https://www.adafruit.com/products/2901

Of course, you need all those components for every audio system you want to deploy in your home.

On the software side, you simply need to have your Raspberry Pi boards configured with the Raspbian distribution.

7.2 Hardware Configuration

Depending on what hardware you choose, the hardware configuration will be really simple or just slightly more complicated.

If you chose to use the onboard audio features of your Raspberry Pi, simply connect the Raspberry Pi to your speakers using the 3.5mm jack connector.

If you chose to use an USB sound card or a HiFi hat, first connect this component to your Pi before connecting it to external speakers.

Of course, repeat the operation for all the Raspberry Pi boards in your multi-room audio system.

7.3 Installing Squeezebox on Your Computer

The next thing you need to do now is to install Squeezebox on your computer. This is a web server that will be the center of your multi-room audio system, and will allow you to stream music on all your Raspbery Pi boards.

You can download it for your operating system from:

http://www.mysqueezebox.com/download

It's pretty straightforward to install, and at the end you will be able to configure Squeezebox on your computer:

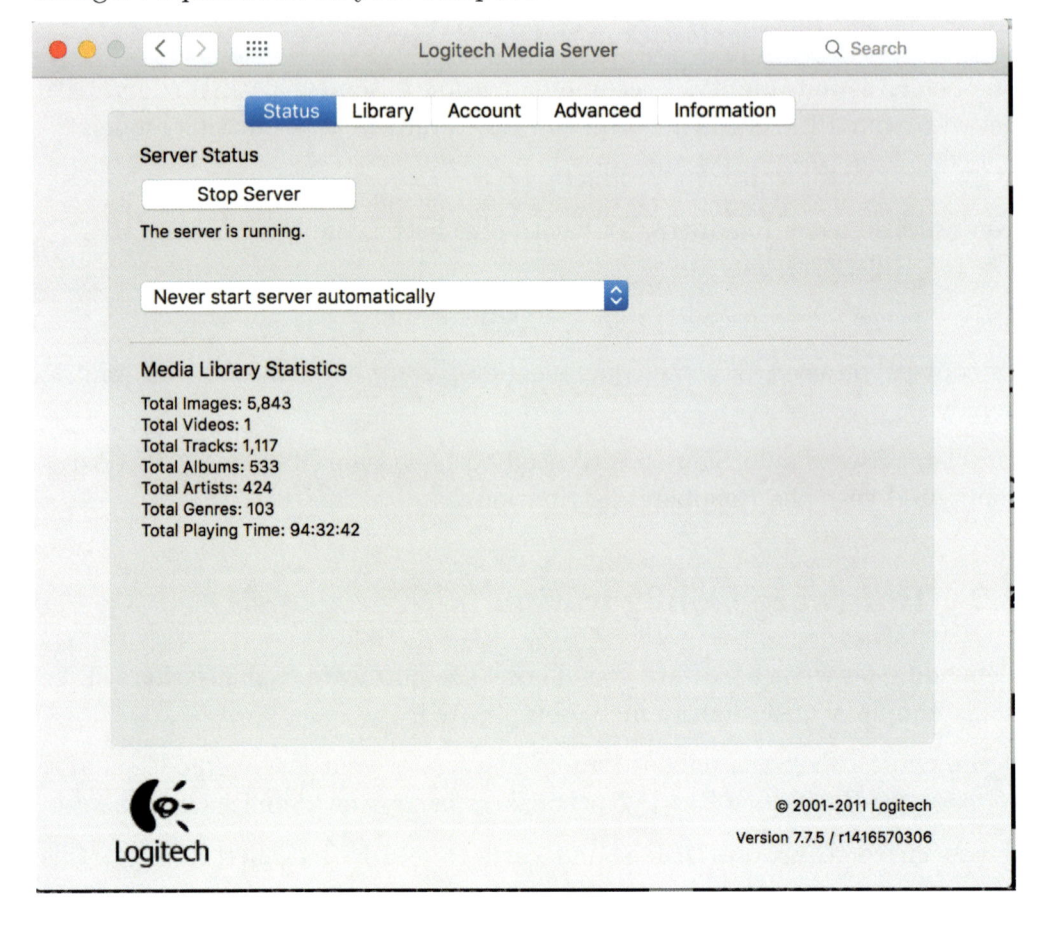

Just make sure that the server is running, we will use it pretty soon. The software will also scan your computer for music, so it will all be available within Squeezebox later.

7.4 Configuring Your Raspberry Pi

Let's now configure one Raspberry Pi. First, we are going to check that the volume is correctly set on your Pi. To do that, access the Pi from a terminal, and type:

`sudo alsamixer`

From this screen, you should be able to set the volume:

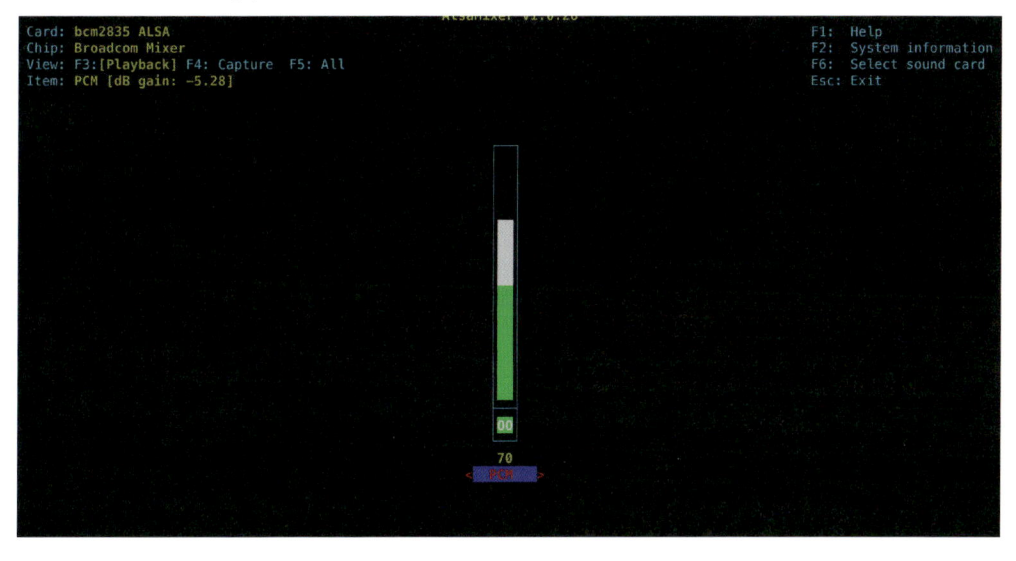

As you can see, for this project I decided to go the easy route and use the onboard audio output. Of course, if you choose an external sound card, you need to select it from this menu.

Then, install the following packages:

`sudo apt-get install -y libflac-dev libfaad2 libmad0`

After that, we are going to install squeezelite. This will basically allow your Pi to function as a squeezebox on your network, and to stream music to it.

Just enter the following commands in a terminal:

```
mkdir squeezelite
cd squeezelite
wget -O squeezelite-armv6hf
   http://ralph_irving.users.sourceforge.net/pico/squeezelite-armv6hf-noffmpeg
```

After that, type the following commands:

```
sudo mv squeezelite-armv6hf /usr/bin
sudo chmod a+x /usr/bin/squeezelite-armv6hf
```

If you are using an external device for audio, like a USB sound card, you need to list all the available audio outputs with:

```
sudo /usr/bin/squeezelite-armv6hf -l
```

After that, select the one you want to use from the list, and enter it in the following command:

```
sudo /usr/bin/squeezelite-armv6hf -o default:CARD=ALSA
```

As you can see, I used the default output called *default:CARD=ALSA*, which uses the onboard audio of the Raspberry Pi. Of course, you should use the output that you want to use from the list.

Now, repeat the operation for all the Raspberry Pi boards in your multi-room audio system.

We are now ready to test our multi-room audio system! Go to the computer running the Squeezebox server, and type:

```
http://localhost:9000
```

You will be redirected to the Squeezebox interface. From there, you can access any music on your computer and stream it on your Raspberry Pi boards.

You should see that your Raspberry Pi boards are already appearing in the list which is in the upper right corner. Simply select the Pi you want, and play a sound:

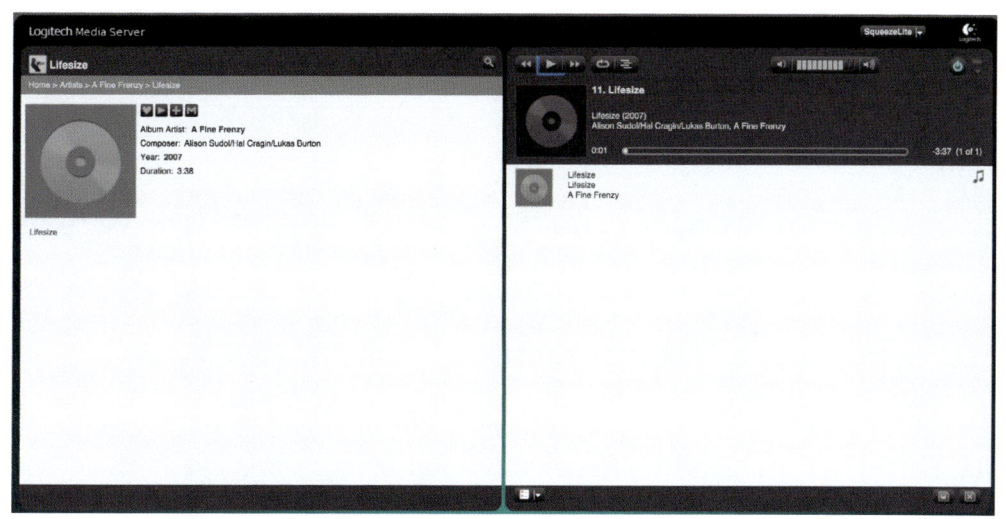

It should immediately play on the Raspberry Pi board you select. Congratulations, you can now stream music to any room in your home!

7.5 How to Go Further

In this chapter, you learned how to build a multi-room audio system based on the Raspberry Pi board.

Don't hesitate to experiment with this project, and also remember that you can use this system along with the other automation projects that we saw in this book!

8 Use your Raspberry Pi as a Media Center

We are now going to use the Raspberry Pi for a quite different purpose, by transforming it into a media center.

It's true that nowadays, most of the Internet operators give TV boxes to their clients, usually for free when taking a subscription.

However, it's really nice to have a media center that you can customize for your own needs, and that can act as a home automation hub at the same time.

In this chapter, we are going to use the very popular Kodi software (formerly known as XBMC) to transform our hub as a media center. Let's start!

8.1 Hardware Requirements

For this project, the hardware requirements will be very minimal, as we won't make any connections with jumper wires and breadboards like in the other projects in this book.

A nice thing to have for such project is a compact keyboard that also has a trackpad, and that is of course wireless. I used this keyboard sold by Adafruit:

Also, you will need a TV or a large computer screen for this project to make sense. Additionally, you can also use external speakers for the audio part of our Raspberry Pi media center.

This is the list of the components you will need for this project:

- Raspberry Pi (https://www.adafruit.com/product/2358)
- USB WiFi dongle (https://www.adafruit.com/product/1012)
- Wireless compact keyboard (https://www.adafruit.com/product/922)

8.2 Hardware Configuration

The hardware configuration of this project is also really simple. You just need to have your Raspberry Pi connected to a TV or a computer monitor, via an HDMI cable.

It is also the time to connect the Raspberry Pi to speakers if you are using any.

For the compact keyboard, just plug the dongle into a USB port of the Raspberry Pi.

8.3 Installing Kodi on your Pi

In order to install Kodi on your Raspberry Pi, there are many options. The first method is to completely replace the operating system of the Pi by Kodi, and have a Pi that can only be used as a media center.

However, we really want to keep Raspbian for the rest of this book, so this is not an option. We will therefore use another option, where we will install Kodi along our current Raspbian installation.

First, you need to be sure that your Pi is completely up-to-date. For that, type:

```
sudo rpi-update
```

This will update the operating system of the Pi, so it will take a while. Then, type:

```
sudo reboot
```

You Raspberry Pi will reboot with the updated operating system. Then, we can install Kodi by typing:

```
sudo apt-get install kodi
```

This will also take a while. Once that's done, you can move to the next step.

8.4 Using your Pi as a Media Center

For the rest of this chapter, you will need to use your Raspberry Pi with the graphical interface, so by using it directly with an external screen or TV and a keyboard/mouse.

Once you start your Raspberry Pi by connecting it to an external display, you will get the following screen:

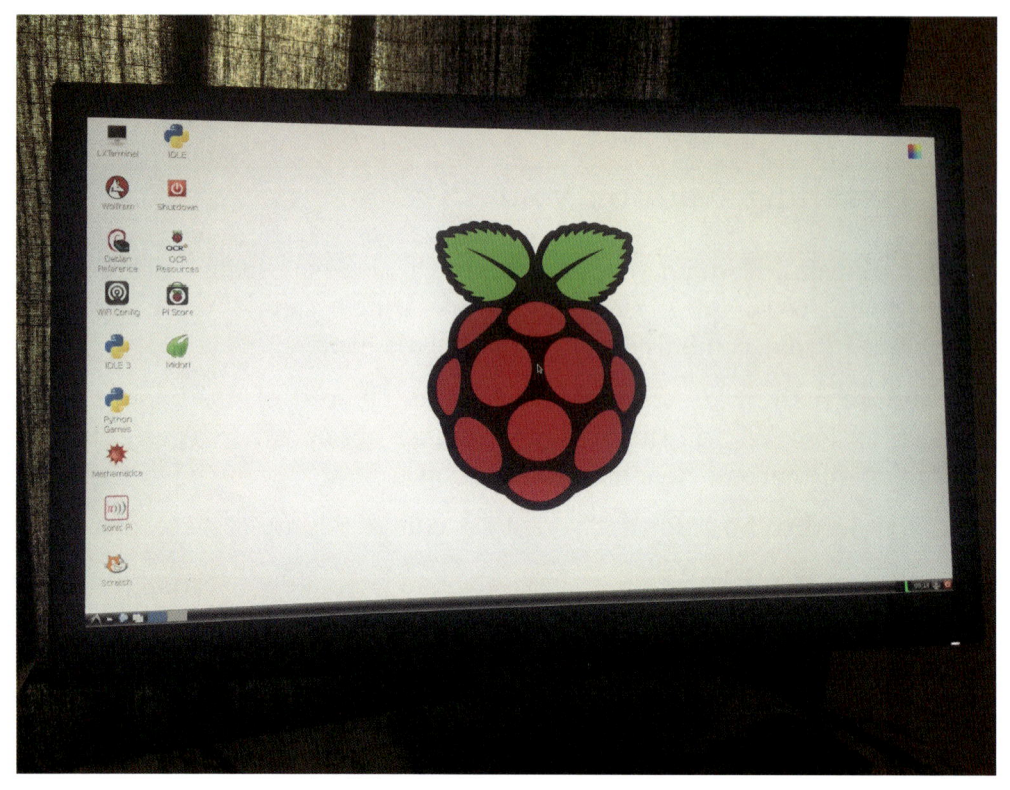

On this screen, simply open the main menu, and go to **Sound & Video**, and then on Kodi Media Center:

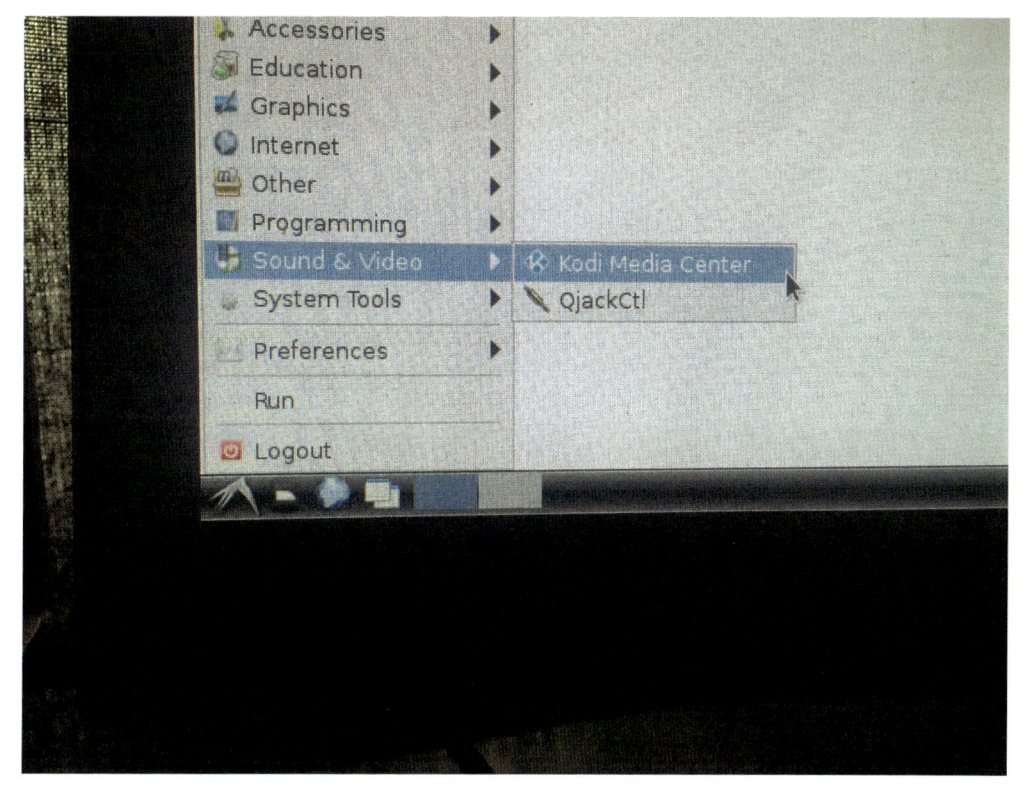

The Kodi interface should open right away:

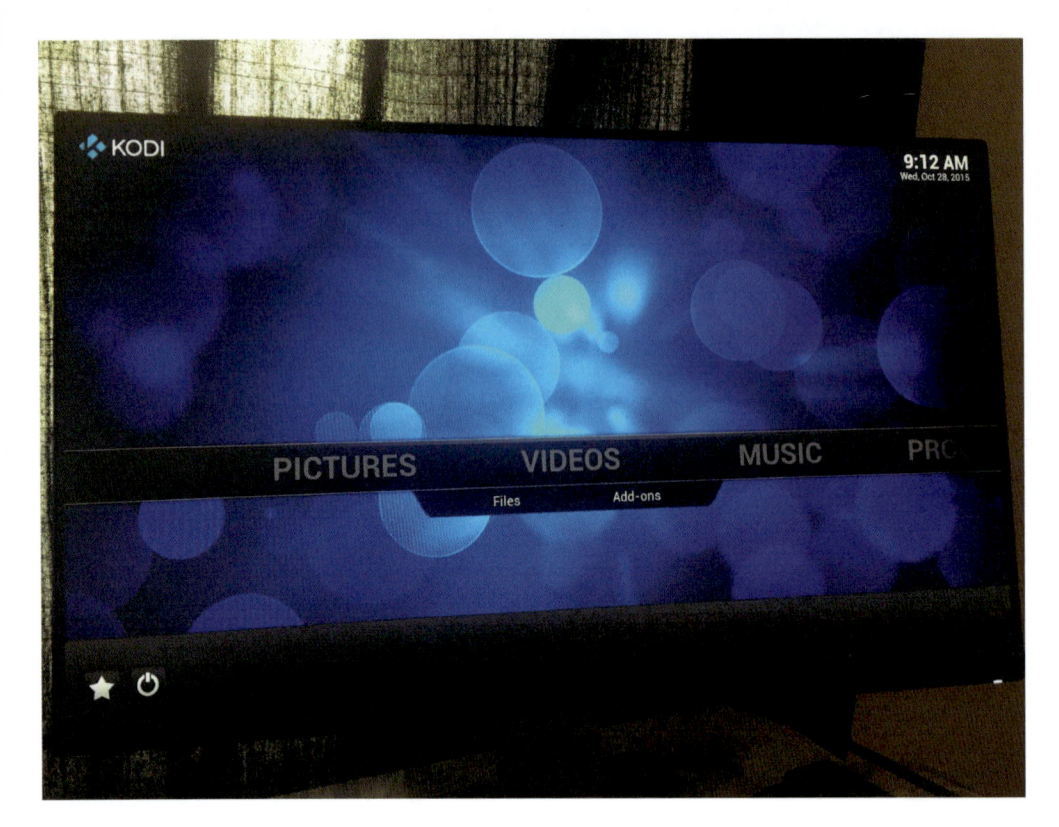

That's it, your Raspberry Pi is now transformed into your own media center! You can for example click on Videos to check if you have videos available on your Raspberry Pi:

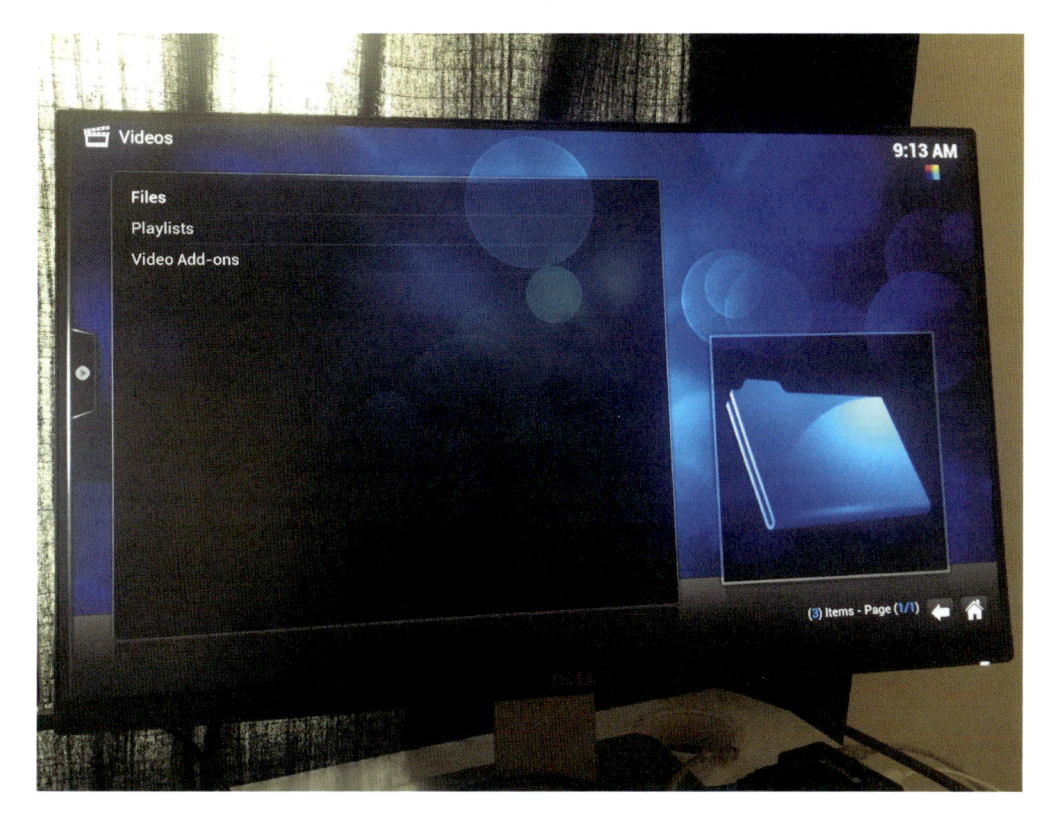

You can for example connect an external hard drive directly to your Raspberry Pi, to access all the videos stored on it.

8.5 Using Accessories to Improve Your Media Center

In this last section of the chapter, we are going to see which accessories you can add to your Raspberry Pi to improve your media center.

The first accessory that I really recommend is to buy a case for your Raspberry Pi. Indeed, as your Raspberry Pi will probably sit next to your TV, you don't want a bare electronics board sitting next to your brand new & fancy TV screen.

I am usually using a standard clear Raspberry Pi case for my projects:

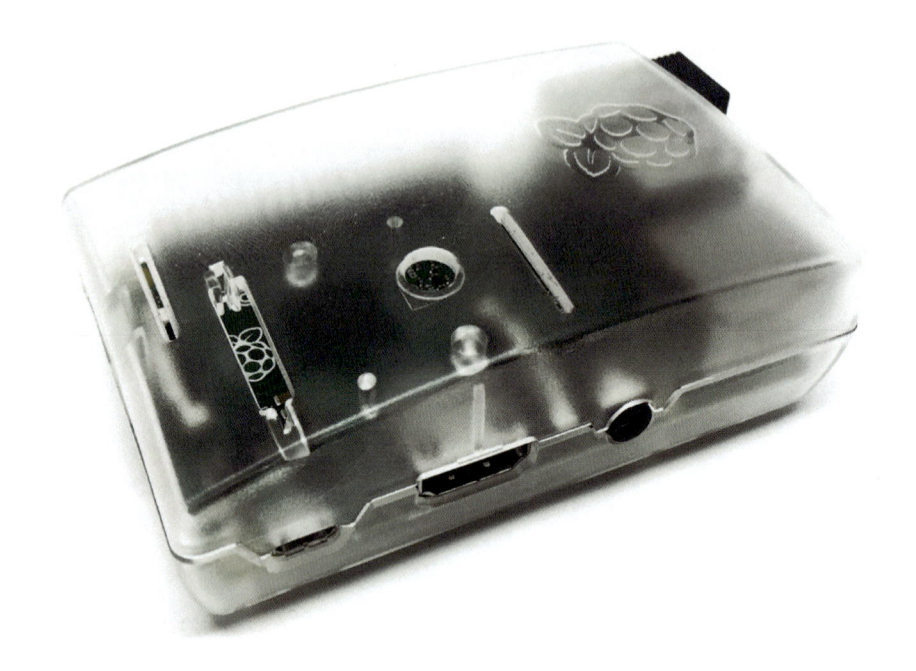

However, there are also more 'clean' designs that can be better for a use as a media center. If you don't find something for your taste, you can have a look on the Thingiverse (http://www.thingiverse.com/) website and find a design there that you can then 3D-print.

Another great addition to your media center would be to control your Raspberry Pi using an infrared remote control. All you need for that is a simple IR receiver sensor like this one:

https://www.adafruit.com/product/157

Then, you will need a simple remote control so you can control your Raspberry Pi remotely:

https://www.adafruit.com/product/389

Finally, the other thing you could add to your media center is a better audio system. Indeed, the Raspberry Pi is quite limited on the audio side, with only a single jack output that doesn't deliver the best sound quality if used directly on external speakers.

A good solution for this problem is to use a 'hat', which is an extension board for the Raspberry Pi. There are excellent audio hats for the Raspberry Pi out there. I for example invite you to check out the HiFiBerry project:

https://www.hifiberry.com/

8.6 How to Go Further

In this chapter, we transformed our Raspberry Pi into a media center. We did that quite quickly & easily by using the very popular Kodi software (formerly XBMC).

You can now explore the different add-ons for Kodi, directly from the interface or by visiting the official Kodi website at http://kodi.tv/.

9 Connecting Your Raspberry Pi to Cloud Services

In this chapter, we will 'leave' the perimeter of your home and connect our Pi to online services. That way, we can still monitor our homes wherever we are in the world by using web services like Twitter.

To make this possible, we will connect our Raspberry Pi to cloud services and proceed with three major steps:

- First, we will create an online dashboard so we can instantly understand the data through visual representations.

- Next, we will send tweet alerts on a Twitter profile.

- Finally, we will discover how to access any interface running on your Pi from anywhere in the world. Let's start!

For this chapter, I will assume that you still have the DHT11 sensor connected to your Raspberry Pi, just like in previous chapters.

9.1 Your Online Dashboard with Dweet.io & Freeboard.io

As discussed before, we will first create an online dashboard for our chosen weather measurements which are temperature and humidity.

There are tons of available platforms like Xively and Dweet.io which we can use online, but we want something easy to use and something free.

Xively and Dweet.io are both Internet of Things (IoT) platforms which provides remote access and products essential for collaboration. These creations enable individuals and businesses to quickly connect their products, services and operations through the Internet.

Both perform equally well. One difference is that Dweet.io does not require sign up, but Xively does. So, we will use Dweet.io. As they claim, it is ridiculously simple, and completely free.

Dweet.io is more of a publish-and-go type of platform so we just need to log the data with it. Then, we will display the data using a service called Freeboard.io. Freeboard.io provides the structure for your dashboard. It's free to use too.

You can already have a look at how Dweet.io is working by visiting their website:

http://dweet.io/.

We are now going to create a new app.js file, that will not only make measurements from the DHT11 sensor, but also send this data to Dweet.io.

First, we need to include the request module, that we will use to connect to Dweet.io:

```
var request = require('request');
```

We will then set up the code for getting and recording the temperature on Dweet.io. Below is the complete code for this:

```
setTimeout(function(){

  // Function to refresh data
  refreshMeasurements = function() {

    // Log on Dweet.io
      var dweet_request = 'https://dweet.io/dweet/for/' +
        'my_rpi_name' +
        '?temperature=' + temperature +
        '&humidity=' + humidity;

        request(dweet_request, function(error, response, body){
          console.log(body);
        });
  }

  // Send data every 10 seconds
  refreshMeasurements();
```

```
    setInterval(refreshMeasurements, 10000);

}, 5000);
```

Note that inside this code, we have a line called my_rpi_name. This is an unique identifier for your Raspberry Pi on Dweet.io, so you should modify it and give an unique name to your Pi.

Of course, we still need to include the code to refresh the DHT11 sensor every 2 seconds:

```
// DHT sensor measurements
var dht_sensor = {
    initialize: function () {
        return sensorLib.initialize(11, 23);
    },
    read: function () {
        var readout = sensorLib.read();

        temperature = readout.temperature.toFixed(2));
        humidity = readout.humidity.toFixed(2));

        console.log('Temperature: ' + readout.temperature.toFixed(2) + 'C, ' +
            'humidity: ' + readout.humidity.toFixed(2) + '%');
        setTimeout(function () {
            dht_sensor.read();
        }, 2000);
    }
};

// Init sensor
if (dht_sensor.initialize()) {
    dht_sensor.read();
} else {
    console.warn('Failed to initialize sensor');
}
```

Note that the primary duty of this piece of code is just to call the Dweet.io website with the temperature value passed in the query. If you would already try it now, the server would answer with a JSON container:

```
{
  "this":"succeeded",
  "by":"dweeting",
  "the":"dweet",
  "with":{"thing":"my_RPi8kmgx3",
  "created":"2014-12-12T07:21:37.255Z",
  "content":{"temperature":21}}
}
```

We will do the same for the humidity measurement. If you would execute the code now, you would be able to see a similar code below as the answer:

```
{
  "this":"succeeded",
  "by":"dweeting",
  "the":"dweet",
  "with":{"thing":"my_RPi8kmgx3",
  "created":"2014-12-12T07:26:05.508Z",
  "content":{"temperature":21,"humidity":34}}
}
```

To access the data, you can use your web browser. You can refer to the screenshot below as an example:

```
← → C   https://dweet.io/get/latest/dweet/for/my_RPi8kmgx3
{"this":"succeeded","by":"getting","the":"dweets","with":[{"thing":"my_RPi8kmgx3","created":"2014-12-12T07:26:05.508Z","content":{"temperature":21,"humidity":34}}]}
```

Make sure to change your 'thing name' in the URL to match the name that you have declared in the code. It wouldn't work otherwise and you will get nothing.

Note that we automate the measurements gathering such that it would get temperature and humidity readings every 10 seconds:

```
setInterval(refreshMeasurements, 10000);
```

We are done with the coding at this point. You can get the code from the Github repository link below:

https://github.com/openhomeautomation/home-automation-raspberry-pi

Now, using the terminal, you need to go inside the folder corresponding to this chapter, where the app.js file is located. Then, write the following command:

```
sudo npm install request
```

And type the following:

```
node app.js
```

You should be able to see at this point that data is being logged every 10 seconds in the console.

One cannot appreciate a display of raw data only. We want our data to be instantly understandable. That's why we are going to build visualizations out of these data through the Freeboard platform.

First, go to the link below:

https://www.freeboard.io/

Create a new account if you don't have an existing one. Once you're ready, create a new dashboard for this chapter's project.

You now end up with a new, empty dashboard. See the example below:

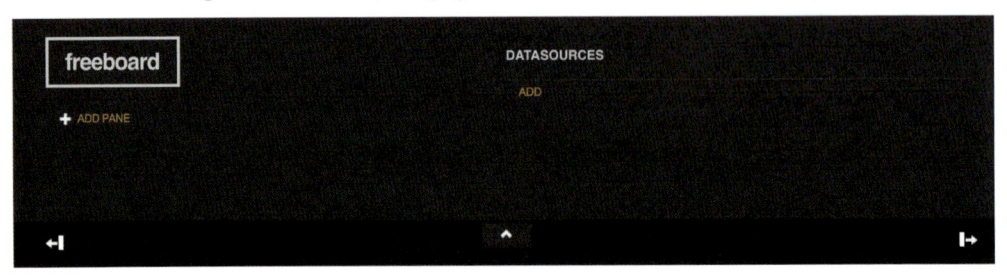

It's time to add a data source. In the menu, choose Dweet.io and enter your thing name. Refer to the picture below as your guide for the form:

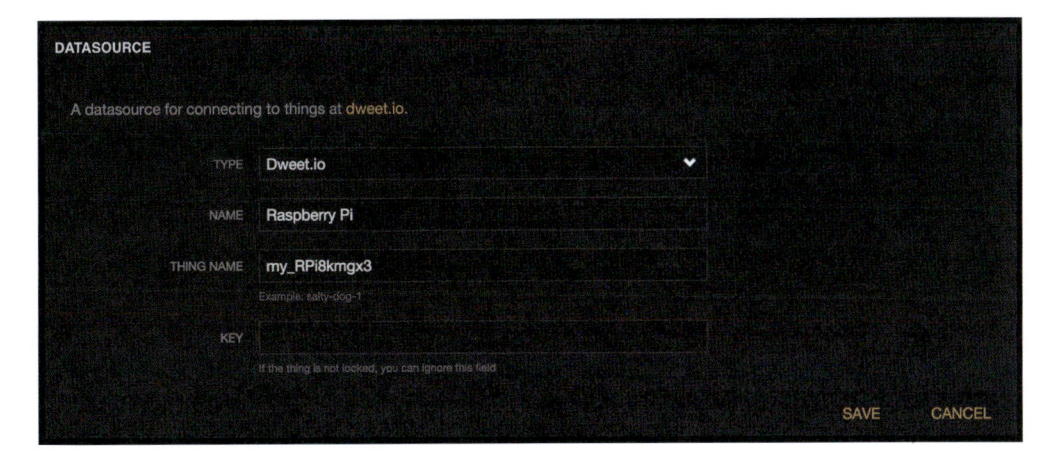

You will get the confirmation upon saving:

You will see the time stamp of its last update from the Dweet.io source.

Next, you need to add a new Pane to display data. Also add a gauge to it, and select the temperature feed and a correct range:

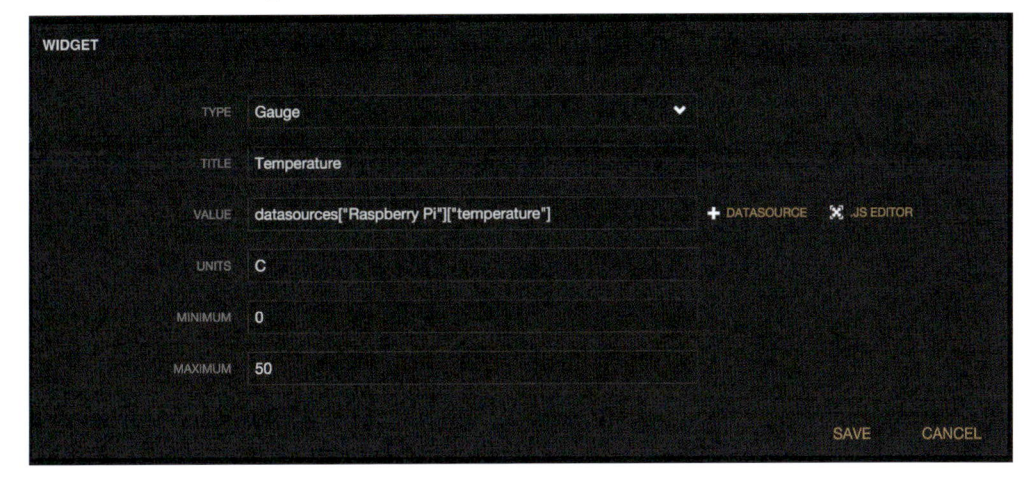

Do the same for humidity. You will end up with something like this:

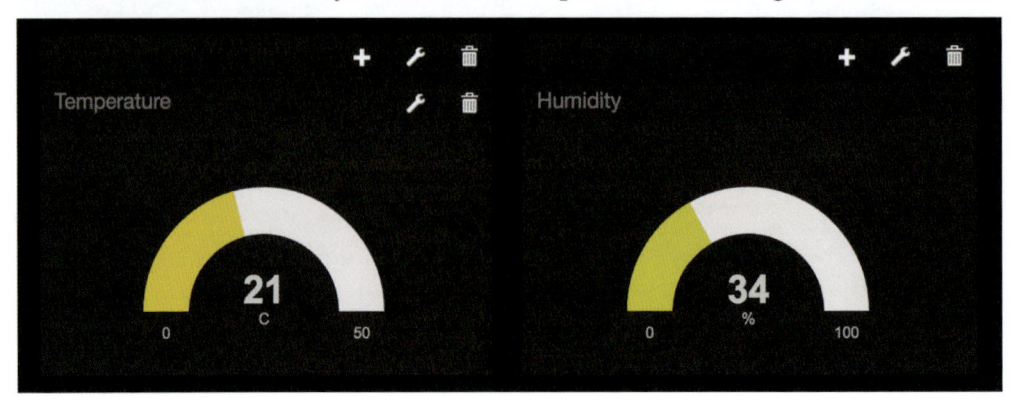

Congratulations! You now have an online dashboard displaying temperature and humidity measurements every 10 seconds.

If you did not end up with the desired results, you can go back and check on a couple of things. Make sure that you have downloaded and installed the correct code from the GitHub repository. Another item which you could check is the names that you have assigned to your devices, which should match in the code and on Dweet.io.

9.2 Sending Twitter Alerts

Let's proceed to the second major step. We will build a system to post tweet alerts on a Twitter profile. You can choose to post it on your own personal one or create a new profile just for this project, which will really be a dedicated Twitter account for your home!

You can send Twitter alerts on certain instances, for example, when the temperature drops too low or the humidity reaches a certain level.

You can also send alarms on other situations like when you have detected motion on certain parts of your house like your room when you're not expecting somebody to be there. You would need to add motion sensors for this application.

In my case, I used my open-source home profile for this chapter.

The first thing to do is to create a new Twitter app. Go to the link below:

https://apps.twitter.com/

You will be directed to your app dashboard. Now, click on the 'Create a New App' button:

Twitter Apps

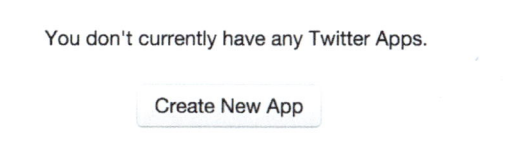

You don't currently have any Twitter Apps.

Create New App

Once it is created, go the 'Keys and Access Tokens' tab menu:

Raspberry Pi Hub

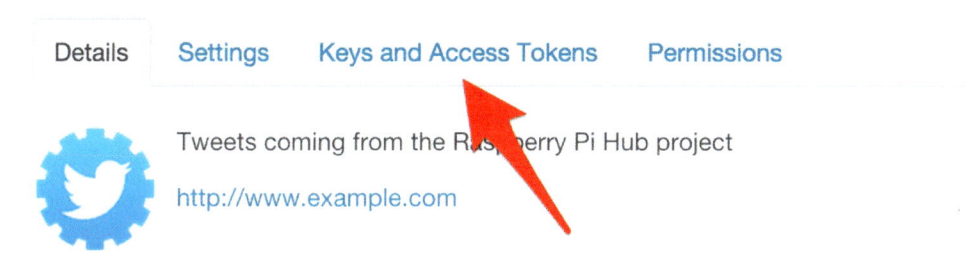

Details   Settings   **Keys and Access Tokens**   Permissions

Tweets coming from the Raspberry Pi Hub project

http://www.example.com

You need to get 4 keys: consumer key, consumer secret, access token, and access token secret. These keys are like your passwords. It is for your own security and protection so make sure that you do not share these codes to anyone you do not trust.

Next, change the rights of your app to read and write:

Access

What type of access does your application need?

Read more about our Application Permission Model.

- Read only
- Read and Write
- ● Read, Write and Access direct messages

Note:
Changes to the application permission model will only reflect in access tokens obtained after the permission model change is saved. You will need to re-negotiate existing access tokens to alter the permission level associated with each of your application's users.

Update Settings

Then, we are going to create a new app.js file again.

We will use a node module called Twit that will handle everything.

Modify the code such that it will contain your own set of keys:

```
var Twit = require('twit')
var T = new Twit({
    consumer_key:          '...'
  , consumer_secret:       '...'
  , access_token:          '...'
  , access_token_secret:   '...'
})
```

Make sure that you don't miss a character to make the syndication work.

Below is the complete function which will post a tweet alert:

```
function checkTemperature() {
      var temperature = body.temperature;

    if (temperature < 22) {

        // Get date
        var d = new Date();
        var n = d.getTime();
        var hour = d.getHours();
        var min  = d.getMinutes();
        var sec  = d.getSeconds();

        // Message
        var message = 'Warning, it is getting cold! Temperature is ' +
        temperature + ' C at ' + hour + ':' + min + ':' + sec + '.';

        // Post message if more than 1 hour since last message
        if ((n - last_alert_time)/1000/60/60 > 1) {
          T.post('statuses/update', { status: message },
          function(err, data, response) {
```

```
            console.log(data);
            last_alert_time = n;
            if (err) {console.log(err)};
          });
        }
      }
  }
```

Let's examine the most important parts of the code.

Here, we build the message, along with the time, temperature, and the alert message:

```
var d = new Date();
var n = d.getTime();
var hour = d.getHours();
var min  = d.getMinutes();
var sec  = d.getSeconds();

// Message
var message = 'Warning, it is getting cold! Temperature is ' +
temperature + ' C at ' + hour + ':' + min + ':' + sec + '.';
```

Then, we check if an alert was sent in the previous hour. We wouldn't want to spam our followers!

If no alert was sent in the past hour, we post the update with the message that we have defined before. We also reset the counter afterwards:

```
if ((n - last_alert_time)/1000/60/60 > 1) {
  T.post('statuses/update', { status: message },
    function(err, data, response){
      console.log(data);
      last_alert_time = n;
      if (err) {console.log(err)};
    });
}
```

We launch this function every 10 seconds:

```
checkTemperature();
setInterval(checkTemperature, 10000);
```

You may download the complete code in the link below:

https://github.com/openhomeautomation/home-automation-raspberry-pi

Make sure to modify the Twitter access keys in the code to make it work.

Let's now see how to use it. First, go to the folder where the app.js file of this project is located, and type the following command:

```
sudo npm install twit
```

Now, run the application:

```
node app.js
```

If the temperature gets below your identified threshold level, you will see inside the terminal that a tweet was sent.

Verify the sent tweet by checking your Twitter account:

Open Source Home @opensourcehome · 25s
Warning, it is getting cold! Temperature is 21.00 C at 8:14:43.

Great! You now know how to send Twitter alerts from your Raspberry Pi.

If everything didn't turn out as desired, you can go back and check on a couple of things. First, make sure that you have downloaded and installed the correct code. Next, you should check on the 4 keys that were provided to you. You might have just missed a character or two.

9.3 Accessing Your Pi From Anywhere

The last step will teach you how to access your Raspberry Pi interface from anywhere in the world.

For this project, you can have any of the graphical interfaces that we saw in earlier chapters running on your Pi.

We will then use Ngrok to access the board from anywhere.

Ngrok is a platform which acts as a tunnel to a local host. It has secure subdomain tunnels which you could customize, password protection and is able to support multiple and simultaneous tunnels.

You can download Ngrok from the link below:

https://ngrok.com/download

Then, select the 'Linux/ARM' version. When the download is complete, simply unzip the file. Go to the unzipped folder and run it:

```
./ngrok 3000
```

You will then get a confirmation message:

```
ngrok

Tunnel Status            online
Version                  1.7/1.6
Forwarding               http://77d87c5f.ngrok.com -> 127.0.0.1:3000
Forwarding               https://77d87c5f.ngrok.com -> 127.0.0.1:3000
Web Interface            127.0.0.1:4040
# Conn                   2
Avg Conn Time            205.79ms
```

To see your interface, just go the address that is given to you by Ngrok:

Congratulations! You can watch what's going on in your home from anywhere!

Given what you just did in this section, you can do a lot. For example, you can control a lamp from anywhere. You can also connect more devices to your Raspberry Pi, and switch off an unused appliance for example.

9.4 Summary

In this chapter, we have learned how to connect the system that we have built to web services like Twitter in real time.

We sent data from the sensors to the Internet through Dweet.io and we have configured it to display on an online dashboard, Freeboard.io, for remote monitoring.

We then set up a Twitter automated alert through coding. We can create and modify the alert that we want to send out.

Lastly, we have enabled access of your Raspberry from anywhere in the world through Ngrok.

10 Video surveillance with the Raspberry Pi

Sometimes, you would like to monitor your home from another angle that what the Raspberry Pi camera can achieve. In order to do that, you will need to use an external USB camera.

In this chapter we will see how to connect an external USB camera to your Raspberry Pi, and make a simple video surveillance system from it, allowing you to see in live what is seen by the camera.

To do that, we will first connect a USB camera to your Pi, and then test if it works correctly. After that, we will configure the Raspberry Pi so it streams the video continuously on a web page.

10.1 Hardware & Software Requirements

Apart from the Raspberry Pi itself, the most important component of this chapter will be the USB camera. You need a camera that is compatible with the UVC standard, which is the case for most of the cameras you will find today. I used a Logitech C720 HD camera for this project.

This is the list of the components you will need for this project:

- Raspberry Pi (https://www.adafruit.com/product/2358)
- Logitech C720 USB camera (http://www.logitech.com/en-us/product/hd-webcam-c270)
- USB WiFi dongle (https://www.adafruit.com/product/1012)

10.2 Hardware Configuration

The hardware configuration is really simple: you just need to plug the camera in your Pi, using one of the USB port on the Raspberry Pi.

This is a close-up of the final result:

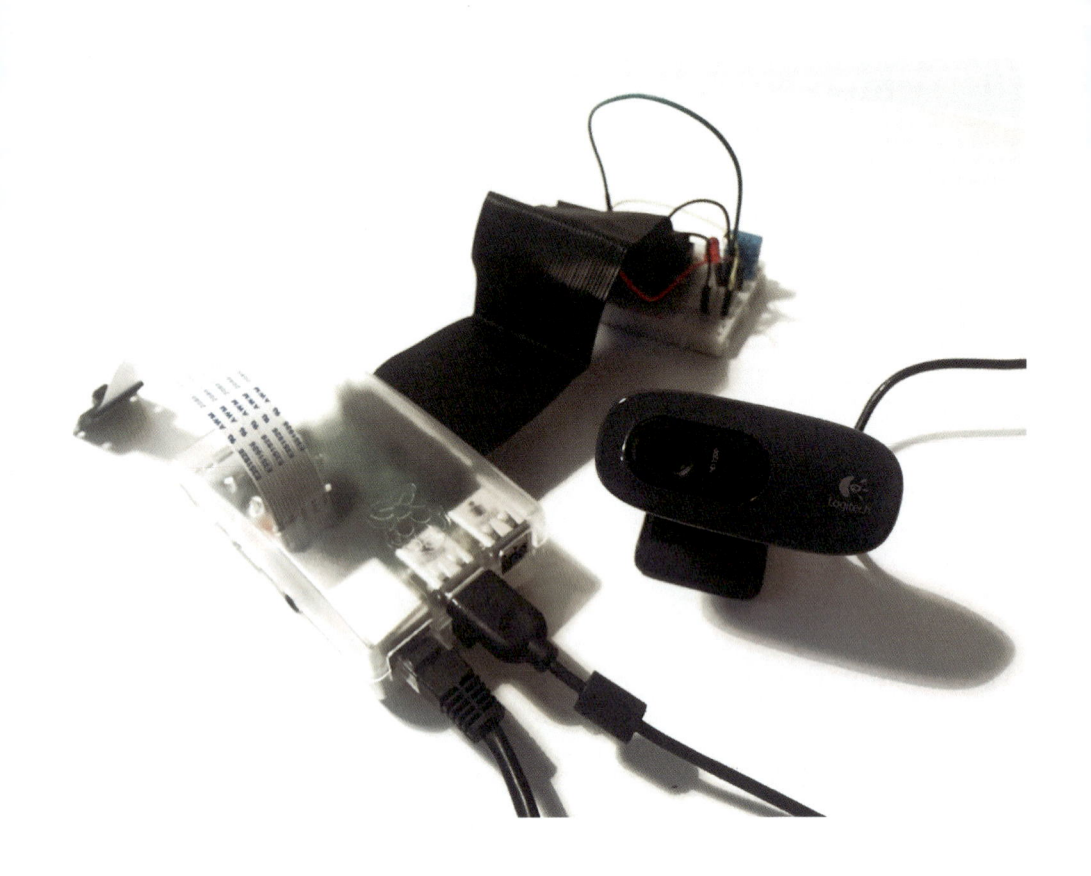

10.3 Testing the Camera

We are now going to test the camera. Again this is really easy to do. Just type this in a terminal:

`sudo` `apt-get install fswebcam`

Then, take a picture with:

`fswebcam` `-r 1280x720 image.jpg`

The camera LED should turn on, which means it is active and currently taking a picture. Then, simply check the image that was created by the command.

10.4 Local Video Streaming

We will now stream video locally using the mjpg-streamer module. This module is really great for video streaming, as it will create a nice web page from which you can access the video stream.

However, the module is not available in the official Raspberry Pi Linux repository. But luckily for us, a developer made a version available for the Raspberry Pi, and we are going to install it now. You can find all the details at:

https://github.com/jacksonliam/mjpg-streamer

First type the following command in a terminal from your Pi:

`git clone https://github.com/jacksonliam/mjpg-streamer`

Then type this command to install required modules:

`sudo apt-get install cmake libjpeg9-dev`

After that, type this command to build the mjpg-streamer package:

`sudo make clean all`

And then type this command:

`export LD_LIBRARY_PATH=.`

And finally type this command to start the streaming:

`./mjpg_streamer -i "./input_uvc.so" -o "./output_http.so -w ./www"`

You will see that a lot of text will be printed inside the terminal, which means the streaming is active. Then, go to this URL from a computer:

`http://rpi_ip_address:8080`

This is the web page you should get:

Simply go on 'Stream' in the menu, and you should see live streaming from the USB camera connected to your Pi!

If you just want to see the stream, go to:

`http://rpi_ip_address:8080/javascript_simple.html`

10.5 Building a Video Surveillance System

We can now monitor what is in front of the camera that we connected to our Raspberry Pi, from a web page that can be accessed from anywhere in your WiFi network.

From there, it's actually really easy to embed the stream coming from the camera in any webpage. This means that not only you can monitor the picture from your Raspberry Pi camera from your own web page, but also that you can embed several different streams in the same page, therefore creating your own video surveillance system!

For that, I took another Raspberry Pi with a camera and repeated exactly the same steps as before. I also got the IP address of this second Raspberry Pi.

Let's first embed the stream coming from the first Raspberry Pi on a web page. This is the code to do so:

```html
<html>
  <head>
    <title>Video Surveillance</title>
  </head>
  <body>
    <center>
      <img src="http://192.168.115.106:8080/?action=stream"/>
    </center>
  </body>
</html>
```

Of course, replace the IP address in the code by the address of your own Raspberry Pi. You can now save the file, and open it with any web browser:

That's good, but we can now do better by embedding the stream from the second Raspberry Pi. This is the code that does exactly that:

```html
<html>
  <head>
    <title>Video Surveillance</title>
  </head>
```

```
<body>
  <span>
    <img src="http://192.168.115.106:8080/?action=stream"/>
  </span>
  <span>
    <img src="http://192.168.115.107:8080/?action=stream"/>
  </span>
</body>
</html>
```

Again, replace the IP addresses with the addresses of your Raspberry Pi boards, and save the file.

Open it with your favorite web browser: you should now see both streams inside the same interface:

Congratulations, you now have the basis of your own video surveillance system based on the Raspberry Pi!

10.6 How to Go Further

In this chapter, we built a basic surveillance camera using the Raspberry Pi camera module and some open-source software.

You can now of course add more Raspberry Pi modules in the game, to make a whole surveillance system! As we saw in the last section, from the mjpg-streamer module it is easy to get a piece of code that can be embedded in another web page.

From that, it is easy to build a page where you have the pictures from all your camera modules, and monitor them from a single interface!

11 Control your Raspberry Pi from your Smartphone

In this chapter of the book, we are going to see how to control your Raspberry Pi from your phone or any mobile device. You will be able to control outputs and also monitor data right from your phone.

This is very convenient, as it will allow you to control your home automation systems without the need of any computer.

As we will only render HTML code on the mobile device side, the project that we will build in this chapter can be used with any mobile phone.

11.1 Configuring Your Raspberry Pi

The hardware we will use in this chapter is the same as the one we already used in earlier chapters: you just need to have the DHT11 sensor & lamp hooked up to your Raspberry Pi.

If you haven't done those steps yet, please return to the first chapters of this book to know how to connect your Raspberry Pi to the other hardware components.

On the software side, you will need your Pi configured with the Raspbian Linux distribution, along with Node.js installed on the Pi.

Note that this project is quite similar to what we already saw earlier in this book. We are simply going to make small adjustments to make the project compatible with mobile devices.

11.2 Controlling the Lamp From Your Phone

In a first part of this project, we are simply going to see how to control the lamp connected to the Pi from your mobile phone.

To do so, we will use a combination of Node.js and Jade to build the mobile interface.

Let's first see what is in the Node.js file. This is the complete code for this part:

```
// Imports
var sensorLib = require('node-dht-sensor');
var express = require('express');
var app = express();

// View engine
app.set('view engine', 'jade');

// Set public folder
app.use(express.static(__dirname + '/public'));

// Interface routes
app.get('/interface', function(req, res){
  res.render('interface');
});

// pi-aREST
var piREST = require('pi-arest')(app);

// Raspberry Pi name & ID
piREST.set_id('8kmgx3');
piREST.set_name('my_RPi');

// Start server
var server = app.listen(80, function() {
    console.log('Listening on port %d', server.address().port);
});
```

We are really going to work on the mobile part of the project in the interface itself. The interface will be coded in Jade, which is a templating language for HTML.

This is the complete header for our interface:

```
head
  title Raspberry Pi Interface
  link(rel='stylesheet',
    href="https://maxcdn.bootstrapcdn.com/bootstrap/3.3.0/css/bootstrap.min.css")
```

```
link(rel='stylesheet', href="/css/interface.css")
script(src="https://code.jquery.com/jquery-2.1.1.min.js")
script(src="/js/interface.js")
meta(name="viewport", content="width=device-width,
   initial-scale=1, maximum-scale=1, user-scalable=no")
```

The most important part here is the following:

```
meta(name="viewport",
  content="width=device-width,
  initial-scale=1,
  maximum-scale=1, user-scalable=no")
```

This is what will make the interface responsive, which means it will adapt to the size of your mobile device screen.

We also specified an option to forbid zooming on the interface, which means the interface will have a more 'native' feel on mobile devices.

Let's now see the rest of the interface, which is composed of two buttons to control the lamp:

```
body
  .container
    h1 Raspberry Pi Interface
    .row.voffset
      .col-md-4
        div Lamp
      .col-md-4
        button.btn.btn-block.btn-lg.btn-primary#on On
      .col-md-4
        button.btn.btn-block.btn-lg.btn-danger#off Off
```

As we can see here, we use Twitter Bootstrap's specific classes (like col-md-4). Those classes will also be automatically responsive, and adapt to the size of the screen when accessed via a mobile device.

Finally, let's see the Javascript code to link the interface with the Node.js app:

```
// Function to control lamp
$(document).ready(function() {

  // Click on buttons
  $("#on").click(function() {
    $.get('/digital/12/1');
  });

  $("#off").click(function() {
    $.get('/digital/12/0');
  });

});
```

It's now time to test our mobile interface! Type this in the folder where the files are located to install the Node.js modules:

`sudo npm install express jade`

After that, install the Raspberry Pi aREST module with:

`sudo npm install pi-arest`

Then install the Node DHT module with:

`sudo npm install node-dht-sensor`

Be patient, those steps can take a while. Finally, start the server with:

`sudo node app.js`

You can access the interface from any mobile device also connected to the same local network. For example, my Raspberry Pi was accessible from the local network name raspberrypi.local. Therefore, I just accessed the interface at:

```
http://raspberrypi.local/interface
```

You should immediately see the interface on your mobile device:

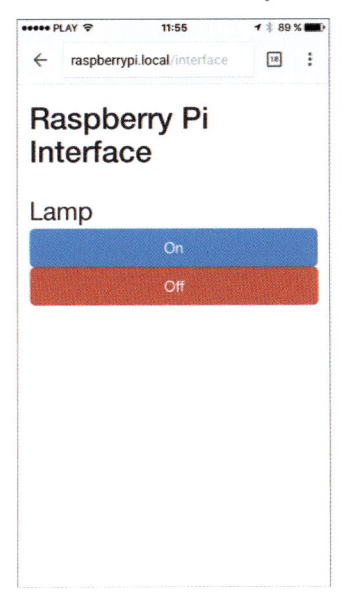

As you can see, the interface is perfectly usable on a mobile device, with large buttons to control the lamp.

11.3 Reading Data from your Mobile Device

We are now going to add the sensor readings into the mobile interface. To do so, we need to modify slightly all the files of the project.

First, you need to add the following code to the Node.js software:

```
// DHT sensor
var dht_sensor = {
    initialize: function () {
        return sensorLib.initialize(11, 23);
    },
    read: function () {
        var readout = sensorLib.read();
```

```
            piREST.variable('temperature',readout.temperature.toFixed(2));
            piREST.variable('humidity', readout.humidity.toFixed(2));

            console.log('Temperature: ' + readout.temperature.toFixed(2) + 'C, ' +
                'humidity: ' + readout.humidity.toFixed(2) + '%');
            setTimeout(function () {
                dht_sensor.read();
            }, 2000);
        }
    };

    if (dht_sensor.initialize()) {
        dht_sensor.read();
    } else {
        console.warn('Failed to initialize sensor');
    }
```

Then, inside the interface file we also need to add containers for the temperature & humidity readings:

```
.row.voffset
  .col-md-6
    div#temperature Temperature:
  .col-md-6
    div#humidity Humidity:
```

Note that we also use Bootstrap's classes here, which means the containers for the sensor readings will also automatically adapt to the screen of the mobile devices.

Finally, we need to add some code in the interface JavaScript file to automatically refresh the readings of the sensor:

```
function refreshSensors() {

  $.get('/temperature', function(json_data) {
    $("#temperature").text('Temperature: ' + json_data.temperature + ' C');
```

```
    $.get('/humidity', function(json_data) {
      $("#humidity").text('Humidity: ' + json_data.humidity + ' %');
    });
  });

}
```

Whenever the page is loaded, we refresh the readings and also refresh the readings every 5 seconds:

```
refreshSensors();
setInterval(refreshSensors, 5000);
```

It's now time to test the project again. You can grab the complete code from the GitHub repository of the project:

https://github.com/openhomeautomation/home-automation-raspberry-pi

Repeat the same steps as earlier to run the project on your Raspberry Pi. Then, visit the interface again with a mobile device.

This is what you should see on your phone or mobile device:

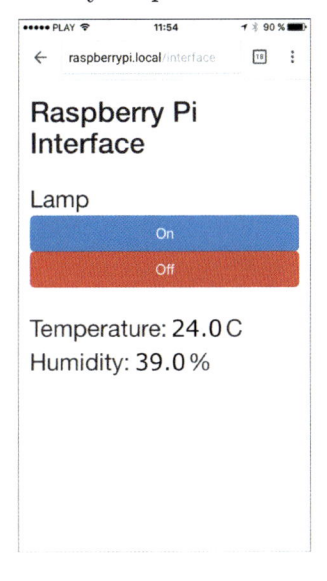

As you can see, the readings from the sensor are also nicely displayed on the mobile device, automatically adapting to the size of the screen.

11.4 How to Go Further

In this chapter, we built a mobile-ready interface for your Raspberry Pi, so you can access all your home automation projects from your mobile phone or tablet.

From there, you can of course modify this project to add more appliances to control, and more data from sensors. By applying what you learned in this project, you will be able to control all your home from your phone!

12 Conclusion

Let's first summarize what we learned in this book. First, we learned how to connect basic components to the Raspberry Pi. We connected a sensor, a device to control electrical devices remotely, and a camera module to our Raspberry Pi. We also tested all these components one by one to make sure they work before moving to other chapters.

Then, we interfaced all these components with a web server running on your Raspberry Pi. We also built an interface so we can easily monitor our home via WiFi or Ethernet, from anywhere in your home.

After that, we went one step further and extended the functionalities of the Raspberry Pi via Arduino boards. We build motion sensors based on Arduino, and connected these sensors to the Raspberry Pi via XBee. We also integrated these new sensors into a central interface, making the Raspberry Pi an home automation hub for your home.

We also used the Raspberry Pi as a multimedia hub, to build a multi-room audio system, and to use it as a media center in your home.

Finally, we connected our project to the web, by using several web services like Twitter. We also saw how to access the interface that we built from anywhere in the world, and how to control your Raspberry Pi from your smartphone.

12.1 How to Go Further

I hope you enjoyed reading this book and I also hope you learned a lot by doing so. There are of course many things you can do right now to build home automation systems based on what we saw in this book.

First, I recommend that you really do all the projects of this book yourself. This will give you a good insight of what is possible to realize with the Raspberry Pi, and you will learn much more in doing than in just reading.

From there, really ask yourself what you want to do with your Raspberry Pi, and proceed with small steps. First, ask yourself what you can add directly to your Pi: which sensors? Do you need a camera? To control devices directly?

Then, think about extending these functions: what do you need to monitor/control in other rooms? How many Arduino boards or other systems do you need to do that? With which wireless technology?

Finally, ask yourself the question of which web services do you need. Do you want a simple dashboard to monitor your home? Do you want to receive automated alerts if some motion is detected in your home? This is all possible, and you will have no problem to implement it with what you learned in this book. Good luck!

13 Resources

The following is a list of the best resources concerning home automation with the Raspberry Pi. I organized this chapter in different categories so it is easier for you to find the information you need.

13.1 General Information About the Raspberry Pi

- Open Home Automation: The companion website of this book, where you will find many more projects using Raspberry Pi & open-source hardware to build home automation projects.
- Raspberry Pi Foundation: The official website of the Raspberry Pi, packed with lots of additional resources and tutorials.
- Adafruit Learning System: An online learning platform with a selection of high-quality step-by-step articles on making things in general. Many projects use the Raspberry Pi, and some are about home automation.

13.2 Components

- SparkFun: A website selling many components that can be interfaced with the Raspberry Pi. All their products are open-source and you can download the source files directly from their product descriptions.
- Adafruit: A company based in New York that sells high quality products for the Raspberry Pi platform.
- SeeedStudio: A Chinese company that sells many original products for the Raspberry Pi platform. They also offer their own PCB production & assembly services.

13.3 Suggested Reading

- Raspberry Pi Cookbook: An excellent in-depth book about the Raspberry Pi. Perfect if you never used the Raspberry Pi before.
- Raspberry Pi Home Automation with Arduino: Another book about building home automation systems with the Raspberry Pi. The book take an original approach to extend the functionalities of the Raspberry Pi using the Arduino platform.

Printed in Great Britain
by Amazon

Copyright © 2022 by Alexandra Velez

Todos los derechos reservados., Ninguna parte de esta publicación puede ser reproducida, distribuida o transmitida en cualquier forma o por cualquier medio, incluyendo fotocopias, grabaciones u otros métodos electrónicos o mecánicos, sin el permiso previo por escrito del autor, excepto en el caso de citas breves incorporadas en revisiones críticas y ciertos otros usos no comerciales permitidos por la Ley de derechos de autor.

Esta edición ha sido publicada por
Editorial Revive
New York, Estados Unidos
www.editorialrevive.com

Impreso en los Estados Unidos de América

Primera Edición: Junio 2022

Editorial Revive es una división de Revive Group LLC

MI PROCESO DE ORUGA A MARIPOSA

Alexandra Velez

MI PROCESO DE ORUGA A MARIPOSA

Hicela Artola Huete | María Cuebas | Biena Depeña
Ana María Figueroa | Carmen Fuentes | Yesenia Galeas-Vasquez
Adriana M. García | Blanca García Díaz
Jaime Ann Hechtman-Ulloa | Jenniffer Martinez
Gelin Gabriela Meneses | Gabriella Ulloa | Blanca Zhanay

Agradecimientos

Blanca García, gracias por ayudarme en este viaje, haciendo realidad uno de mis sueños. Siempre estaré agradecida.

A mis hijas, Alexis y Caitlin, gracias por ser mi fortaleza. I love you more.

A todos las hermosas co-autoras, gracias por aceptar el desafío y por su confianza. Estoy orgullosa de que sean parte de este hito.

Índice

Agradecimientos — 7

Prólogo — 13

Alexandra Velez
De las lecciones de vida a la fe — 19

Hicela Artola Huete
Los Sueños se Alcanzan si Luchas — 31

María Cuebas
Vientos de Huracán — 45

Biena Depeña
Nací Para ser Leona — 57

Ana María Figueroa
La Máscara del Guardián — 69

Carmen Fuentes
Cuando Pensé que el Cuchillo era la Solución   81

Yesenia Galeas-Vasquez
Al Otro Lado de la Frontera   95

Adriana M. García
La Búsqueda Ardua de tu Propósito
Aceptación-Perdón-Servicio   107

Blanca García Díaz
La Magia de la Transformación   119

Jaime Ann Hechtman-Ulloa
Transformando el sentimiento de ser abandonada
a ser amada   133

Jenniffer Martinez
Mi Héroe se Puso la Capa y se Fue Volando   145

Gelin Gabriela Meneses
Soy Gelin Meneses   157

Gabriela Ulloa
En la Vida Todos Tenemos Altibajos   169

Blanca Zhanay
Camino de la Manera Correcta de Casa Blanca   181

Alexandra Velez

MI PROCESO DE ORUGA A MARIPOSA

Volumen 1

Prólogo

Alexandra Velez no dudó en entregarse, en cuerpo y alma, a esta maravillosa obra. Reunió a catorce impresionantes escritoras con sorprendentes historias. Sus testimonios de vida son modelos para inspirar a mujeres de todas las edades, razas y orígenes. En cada capítulos describen cómo adoptaron un espíritu guerrero y creativo para superar la adversidad. Sus perfiles pintan una hermosa imagen de lo que sucede cuando perseguimos nuestras pasiones y sueños. Dentro de toda mujer hay una energía secreta, una fuerza poderosa llena de buenos instintos, creatividad y sabiduría. Las co-autoras revelan cómo sacar provecho de ese poder interior.

¿Sientes que en los momentos difíciles de tu vida no puedes seguir adelante? ¿Cuántas veces has deseado cumplir un sueño, pero el miedo te paraliza, impidiéndote tomar acción para mejorar tu calidad de vida? ¿Alguna vez has sentido frustración porque tienes una meta definida y trabajas por alcanzarla, pero no logras buenos resultados? Entonces, este libro es para ti.

Muchas personas, consciente o inconscientemente, dejan pasar oportunidades para tener una mejor vida por miedo a tomar acción. Otras personas sufren constantemente de ansiedad y preocupaciones por situaciones que se encuentran fuera de su control. Y muchas otras viven bajo el yugo de la depresión a causa de su pasado, lleno de pesar y desacierto, que les impide correr hacia la cima.

Esta es una lectura colmada de esperanza para quienes buscan una vida llena de armonía, amor y relaciones humanas satisfactorias. Aquí encontrarás respuestas a cómo deshacerte del rencor, del temor y de la desilusión que han quedado en el corazón como resultado de una ruptura amorosa, falta de cariño o descepción por algún fracaso. ¿Cómo debemos expresar a nuestros seres queridos el amor que sentimos por ellos? ¿Podemos librarnos de la tristeza y el coraje que queda en nuestro interior cuando alguien nos ha lastimado? ¿Cómo superar grandes dificultades que nos han hecho sentirnos frustrados? La lectura de cada capítulo te ayudará a ser más consciente de que todo es aprendizaje para crecer y seguir avanzando.

Las lecciones de la vida nos hacen más fuertes. Esta estupenda obra nos brindará herramientas para lograr nuevas conquistas en aspectos que ni siquiera imaginábamos. Estaremos mejor equipados al conocer las historias de estas catorce mujeres.

Ellas conquistaron su meta y nos comparten cómo lo lograron. Mujeres de carne y hueso con vidas extraordinarias, que nos llenarán de confianza, apoyo y certeza de que podemos ser lo que deseamos ser, encontraremos lo que buscamos, y llegaremos hasta donde nos propongamos hacerlo.

Todo el mundo se enfrenta a pruebas, y todos nos equivocamos. Pero la derrota no debe ser el foco. Tu enfoque no debe estar en quién eras, sino en la búsqueda de quién puedes llegar a ser. En Mi Proceso de Oruga a Mariposa encontrarás ayuda para entender que tu propósito en la vida no cambia, evoluciona.

Es frustrante cuando reconocemos que no estamos haciendo lo necesario para ser realmente felices porque el miedo nos paraliza. Además, la ansiedad se ha vuelto un grave problema. Si te has sentido con ganas de darte por vencido o te gustaría llegar más rápido a las metas que tienes en mente, este es el libro que necesitas.

Mis felicitaciones, pues, a todas las protagonistas de este trabajo extraordinario, por su valor personal, su coraje y determinación; también por la conjunción de ternura y fuerza que sus narraciones nos transmiten y el legado de las enseñanzas que cabe extraer de las mismas. La vida es una materia sensible, frágil hasta el extremo, y poderosa como un ciclón, pero debemos saber transitarla, disfrutarla, compartirla, entregarla, cuando llegue el momento, a los demás.

Mi reiterada felicitación a la escritora Alexandra Velez por su lúcida perseverancia y la fértil contribución de este trabajo a la vida, llena de valores y emociones. Valores y emociones de mujeres maravillosas por lo que son y por lo que nos entregan a través de sus testimonios en este maravilloso libro.

¡Gracias, Alexandra Velez, por permitirme ser parte de tan importante obra maestra!

Andres Cárdenas
CEO Escuela Revive Coaching School y de Editorial Revive en Nueva York.
www.revivecoachingschool.com

MI PROCESO DE ORUGA A MARIPOSA

"Un gran comienzo es a veces el punto en que pensaste que sería el final de todo."

Dodinsky

Mi proceso de Oruga a Mariposa

Alexandra Velez

Alexandra Velez

De Las Lecciones de Vida a la Fe

Alexandra Velez

Es Directora Ejecutiva y fundadora de Flutterflies Corp., 2016, una organización donde las mujeres encuentran su fuerza interior y confianza para lograr sus metas, para motivarse e inspirarse.

Presidenta de Wings of Empowerment, 2020, organización sin fines de lucro, 501c3. Una organización que empodera a nuestra juventud, los líderes del mañana, y a sus familias. Además es Filántropo- Emprendedor- Especialista en planificación de eventos

Alexandra ha recibido diferentes reconocimientos por su contribución a la comunidad y liderazgo: 2012, Servicio Distinguido de Frank J Cannon Southeast Elementary, 2017, Excelencia en Alcance Comunitario de UnitedHealthcare, 2018 Servicio Distinguido de UnitedHealthcare, 2019, Defensora Comunitario del Año de la Cámara Hispana de Long Island, 2019 Organización del Año de Perú Cámara de Comercio Americana, y 2021 Homenajeada Herencia Hispana de Suffolk County, 9th LD.

Alexandra está agradecida con Dios por el éxito que ha adquirido como persona y como propietaria de negocio, a su familia y a todas las personas inspiradoras que comparten su visión.

www.FlutterfliesMovement.com
@Flutterfliesmovement
@alexandra.velez44 alexandra_velez44

Alexandra Velez

Mi proceso de Oruga a Mariposa

Alexandra Velez

De las lecciones de vida a la Fe

Alexandra Velez

Tengo muchos recuerdos vívidos de mi infancia. Fui hija única durante los primeros cinco años de mi vida y muy feliz, hasta que llegaron mis hermanas... ¡Sólo bromeo! Fui consentida por mi abuelo, mi tío (que no tenía hijos en ese momento) y mi vecino (me trataba como su nieta). Recuerdo grandes reuniones familiares, comidas al aire libre, grandes fiestas de cumpleaños y veranos en Coney Island y Harlem Park.

Coney Island fue muy divertido. Comer deliciosos bocadillos, caminar por el malecón y luego ir al parque de diversiones fueron buenos momentos en familia. Lo mismo en Harlem Park, lo que equivalía a una caja de Cracker Jacks para mí, viendo a los adultos jugar softbol, bromear y, por supuesto, como cualquier reunión de latinos, mucha diversión, comida y música.

Mi abuelo me amaba muchísimo. Lo amo y lo extraño mucho. Nos recuerdo caminando hacia la bodega, mientras me tomaba de la mano con fuerza para que pudiera comprar mis delicias favoritas. ¿Sabes cuántos dulces caben en una bolsa pequeña de papel en los 70s? ¡Muchos! Luego, sentarme en el escalón delantero de mi casa mirando a la gente, comiendo mis golosinas y esperando el camión de helados. Eso no tenía precio. Esperaba con ansias que mi tío llegara a casa para que me contara historias de miedo. Disfrutaba de nuestro tiempo juntos. Otros recuerdos de mi infancia son correr por la casa, jugar a la mancha con mi papá o jugar con la manguera durante los días calurosos del verano. Cómo me gustaría poder retroceder el tiempo sólo por un momento para disfrutar una vez más algunos de los momentos más felices de mi vida…

Mi vida comenzó con familia y mucho amor. Personas que se preocupan por mí, por mantenerme a salvo y queriendo la felicidad para mí. Tengo una madre que solo ha deseado lo mejor para mí, que se aseguraba de que tuviera todo lo que necesitaba y más. Mi Titi Lucy y mi abuela Mita me cuidaron y me amaron profundamente. Mi infancia no fue perfecta, pero fui feliz y muy bendecida. Nuestra familia, como cualquier otra, tuvo sus dramas y peleas, pero al final del día siempre nos mantuvimos unidos. Desde temprana edad aprendí a apreciar a mi familia.

Cuando tenía alrededor de 8 años, mi corazón se rompió cuando mi vecino cerró su negocio, mi tío se fue de su casa y poco después mis abuelos se mudaron a Puerto Rico. Las personas clave que me amaban me dejaron. Yo era una niña y no entendía. En los años 70' a los niños no se les preguntaba cómo se sentían. Así que lo guardé todo embotellado.

Avance rápido, ya 23 años de edad. Había estado viviendo en la isla del encanto, Puerto Rico, por casi diez años. Era verano, el momento perfecto para estar en Nueva York. Las calles están llenas de emoción, hay camiones de helados en cada esquina, vendedores de comida, música a todo volumen, niños jugando, surtidores abiertos y vecinos sentados afuera charlando. Recientemente había roto con mi novio de casi cuatro años. Era hora de un nuevo comienzo. ¡Era joven, libre y quería divertirme!

Era un hermoso día de verano, el día de playa perfecto. Mi prima y yo la estábamos pasando muy bien recostadas en la playa, observando a la gente, bronceándonos, leyendo y charlando. Poco después, fuimos interrumpidas groseramente por unos "chicos" que jugaban al voleibol. Estoy segura de que la pelota cayó deliberadamente junto a nosotras. Finalmente, él tuvo las agallas de preguntar qué estaba leyendo. Después de algunas respuestas cortantes de mi parte, él continuó jugando y yo continué leyendo. Sin embargo, seguimos mirándonos el uno al otro. Definitivamente hubo interés. Me di cuenta de que era una persona sociable, divertida y enérgica. Se estaba haciendo tarde y era hora de empacar. Cuando dimos unos pasos hacia el malecón, yo, sí, yo, decidí darme la vuelta y le pedí intercambiar números. Después de unos días nos encontramos y nos llevamos bien.

Mi tiempo en Nueva York era para corto plazo. Durante nuestro tiempo sentimos una conexión. Había algo en él. Era guapo, físicamente en forma, divertido, extrovertido, un caballero, respetuoso e inteligente. Además, era ecuatoriano, así que sabía que a mi mamá le gustaría. Decidimos tener una relación a larga distancia. Al poco tiempo viajó a Puerto Rico y conoció a mi familia. Era oficial, estábamos enamorados. Hablamos de vivir juntos. Así que decidí hacer el mayor sacrificio por él y dejar a mi familia para mudarme a Nueva York.

Unos meses más tarde, me mudé a Long Island para comenzar nuestra vida juntos. Recuerdo perfectamente el viaje desde el aeropuerto JFK. Fue largo, por decir lo menos. Era un día frío de primavera. "Hay tantos árboles", dije. Estaba nerviosa, hasta ese momento siempre había vivido con mis padres. Sin embargo, estaba feliz y emocionada. Es una gran sensación cuando encuentras a esa persona especial, tu mejor amigo que te ama, se preocupa y te respeta. Todos queremos nuestro "felices para siempre".

Nuestro hogar en Mastic Beach era un apartamento espacioso. Recuerdo mi primer abril en Long Island. ¡Hacía frío y nevó en mi cumpleaños! El no poder celebrar con mi familia y sentir su abrazo mientras me deseaban un feliz cumpleaños me puso triste y nostálgica. Con el tiempo será más fácil, pensé. Poco después celebramos la llegada de nuestra primera hija. Nunca pensé que podría ser tan feliz y amar tanto a otro ser humano. Me sentía bendecida y orgullosa de llamarnos familia.

Mi burbuja estalló

El dolor que sentí cuando me dieron las noticias de lo que él había estado haciendo a mis espaldas... Mi mundo paró. Sentía que mi corazón se rompía en miles de pedazos. Tenía que ser un error. La persona que yo conocía no era así. Estaba en estado de shock. Todo cambió en cuestión de momentos. Mi amor y mi confianza pisoteados. Mi príncipe era simplemente un lobo disfrazado.

Aprendí temprano en la vida que la familia es para siempre, en las buenas y en las malas. Tenía que funcionar, teníamos una hija. Mi mentalidad era, supongo, de la vieja escuela. Cuando miro hacia atrás veo todas las señales. La verdad es que debí haberme ido antes del nacimiento de nuestra primera hija. Sin embargo, había tomado la decisión de quedarme. Éramos una familia y tenía que funcionar. Conozco que no existe una relación perfecta, pero toda relación debe tener un componente básico: el respeto. En nuestra relación faltaba eso. "Volverá a ser mi príncipe, él nos amará y cuidará", pensaba. Sentía tanta vergüenza… Sin embargo, elegí quedarme.

Fueron momentos difíciles. Nunca me sentí inútil hasta que lo conocí. Recuerdo llorar hasta dormirme, no comer y sentir ese estrés angustioso. Simplemente estaba respirando, pero no viviendo. Los recuerdos de querer terminar todo me persiguieron durante años. Mientras se desarrollaban esos pensamientos, miraba a mi hija y su amor incondicional me mantuvo con vida. Recuerdo degradarme por miedo a ser abandonada, orando para que mi auto me llevara del punto A al punto B y que no me echaran de mi apartamento. Comiendo "Happy Meals" y feliz de sorprender a mi hija con el juguete. Viviendo de cheque en cheque y agradecida cuando tenía $20 hasta el próximo día de pago. Queriendo huir para siempre y no tener la fuerza ni el coraje para dar el primer paso. Recuerdo una vez que mi madre me visitó desde Puerto Rico. Todavía puedo ver el dolor y la tristeza en sus ojos. Ella me vio sufrir. Su dolor y consuelo no fueron suficientes para que me alejara.

Compartimos momentos de amor, de alegría, risas y entusiasmo por la vida. Estoy agradecida por nuestros mayores y más amorosos logros, nuestras hijas. Como puedes imaginar, nuestra relación tuvo muchos altibajos. Elegí quedarme en esta relación por más de 16 años. Bueno, para ser completamente honesta, por 21 años. Finalmente, terminé todos los lazos el día en que mi hija cumplió 21.

Libertad

El proceso de cada persona es diferente. Para algunos es más difícil que para otros. Algunos aprenden las lecciones de vida en el capítulo 1, otros, como en mi caso, en el capítulo 21. Al leer mi historia tal vez te encentres sacudiendo la cabeza y diciendo "nunca me quedaría en una relación por tanto tiempo", o "podrías simplemente haberte marchado". Si eres esa persona, eres bendecido. Sin embargo, mi viaje fue necesario para convertirme en la persona que soy hoy. Mi proceso no fue en vano.

Hubo muchas veces que deseé poder volver atrás y cambiar el pasado, excluirlo de mi historia. Me doy cuenta de que estaría mal, ya que cambiaría mi resultado: el nacimiento de mis regalos más preciados, mis dos hermosas hijas y mi nieto. Cambiar mi pasado cambiaría dónde y quién soy hoy. Hoy, acepto quién fui y en quién me he convertido.

Durante años estuve ciega a las lecciones. Pensaba que podría controlar los resultados. Pensaba que Dios me había dejado, ya que él no estaba respondiendo a mis oraciones, en lugar de aceptar que Dios tiene el control y un plan. Sin embargo, me doy cuenta que Dios estuvo y siempre está ahí. Innumerables veces, Dios sacó a ese individuo de mi vida y elegí dejarlo entrar a ella una y otra vez. Fui débil y dejé que el miedo tomara el control de mi vida. ¿Cuántas veces Dios ha quitado a alguien o algo de tu vida y eliges perseguirlo y traerlo de vuelta?

Estoy agradecida de haberme convertido en estudiante y haber aceptado las lecciones para poder compartir mi historia y poder inspirar y empoderar a otros. Estoy agradecida de haber podido alejarme de esa relación destructiva y por tener amigos y familiares que me han apoyado incondicionalmente. Hoy, orgullosamente camino en mis zapatos y no me avergüenzo de mi pasado. Gracias a las lecciones y a las personas que se han cruzado en mi camino, me he convertido en una mujer fuerte, empoderada, y con una pasión para empoderar a otros.

No permitas que otra persona tome tu autoestima o te haga sentir inútil. Eres única y perfectamente imperfecta. A lo largo de tu proceso debes estar abierta a las lecciones. Puede que no las entiendas, pero debes permanecer con fe. Dios tiene un plan y tiene el control. Hay grandezas esperándote.

Recuerda que los tiempos difíciles son sólo temporales. Vive en paz y no dejes que el miedo tome el control. Recuerda que no estás sola, Dios siempre está contigo.

Hicela Artola

Los Sueños se Alcanzan si Luchas

Hicela Artola

Es una empresaria hondureña de 43 Años, co-propietaria del Restaurant Coffee Café.

Hicela es una emprendedora social, ya que ha realizado múltiples tareas con diferentes organizaciones, con la finalidad de ayudar a la comunidad, especialmente en tiempos difíciles como los vividos en la pandemia.

Ha recibido diferentes reconocimientos de distintas organizaciones como El Consulado Salvadoreño, El Condado De Nassau. Así como el otorgado por la Cámara de Comercio Peruana Americana de Long Island por su liderazgo, entre otros.

Co-Autora del libro "Mi Proceso de Oruga a Mariposa", de la empresa Flutterflies.

Actualmente se encuentra escribiendo otra Co-Autoría del libro "Mujeres EMprendiendo en Tiempos de Pandemia"de Revive Coaching School.

https://www.facebook.com/hicela.y.artola

Hicela Artola

Mi proceso de Oruga a Mariposa

Los Sueños se Alcanzan si Luchas

Hicela Artola

Soy Hicela Artola, actualmente tengo 43 años y soy de Honduras. Hace 18 años logré uno de mis sueños: poder vivir en los Estados Unidos.

A los 5 años mi padre abandonó a mi madre con 7 hijos. Ella siempre luchó por sacarnos adelante vendiendo comida desde casa. Mi hermano mayor y yo salíamos a vender la comida y mis otros hermanos nos ayudaban a cocinar.

Mi proceso desde una temprana edad fue muy difícil y triste. Cuando tenía 5 años estaba siendo abusada por un hermano de mi padre y mi madre no se daba cuenta porque él me tenía amenazada con golpearme.

Ese trauma nunca lo he podido superar.

A los 13 años conseguí mi primer empleo para ayudar a mi madre, pero nunca dejé de estudiar. A los 15 años, una de mis hermanas me llevó a vivir con ella. Seguí estudiando y aprendí radiología y trabajé en los mejores hospitales de la ciudad de San Pedro Sula. Pero en mi mente siempre estaba mi sueño de llegar a Estados Unidos. En una ocasión conocí a una amiga que prometió ayudarme y traerme a Estados Unidos. Le creí y me llevó a otro país de Centro América. Allí comenzó mi pesadilla.

La intención de ella no era ayudarme, sino venderme sin yo darme cuenta. Una de las personas a las que ella le pidió dinero por mí me lo dijo, también me dijo que tuviera cuidado con ella. Pedí ayuda para regresar a mi país y pude regresar gracias a una persona que me ayudó.

Un día me dije a mí misma que estaba cansada de sufrir, que si tuviera un bebé mi vida cambiaría y decidí salir embarazada a mis 21 años sin pensar en las consecuencias y así que tuve a mi hija.

Fui madre soltera y luché duro para que ella tuviera todo lo que necesitaba trabajando día y noche por mi hija porque tenía por quien vivir; cuando ella tenía 3 años me salió la oportunidad de viajar a Estado Unidos y me dije que esa era mi oportunidad para sacar adelante a mi hija y poder ayudar a mi madre.

Salí la primera vez y no pude pasar, me regresaron, pero no perdí las esperanzas de salir una vez más y, a los meses, salió el viaje otra vez. Una de mis hermanas me estaba ayudando, pero fue muy duro ese viaje; me tocó dormir en la calle y fui abusada sexualmente. Estuve presa en México durmiendo en unas camas de cemento, sin agua en los baños. Eso olía muy feo.

Me deportaron otra vez, pero yo estaba decidida a llegar. Caminé muchas horas para llegar a donde la persona que me ayudaría a cruzar.

Estando en México el coyote que me dijo me decía que si no tenía sexo con él, no me cruzaría y, por la ambición de llegar, lo tuve que hacer.

Llegado el momento de cruzar en la noche, nos dejaron en medio del desierto, donde dormí debajo de árboles en medio de espinas y culebras. Habían muchos búfalos, era de miedo porque pensaba que esos animales nos podían comer y luchando con otras personas que también me querían violar.

Las otras personas que venían conmigo me cuidaron para que eso no pasará y, al día siguiente, me cruzaron y me entregué a migración porque no hubiera podido cruzar el desierto. Estaba muy caliente y no teníamos más agua. Hubiera muerto.

Me tuvieron detenida por 4 días y luego me soltaron.

Por fin llegué a Estados Unidos y, después de un largo viaje, obtuve mi primer trabajo.

Empecé a trabajar en una barra donde los empleados están acostumbrados a tomar alcohol con los clientes. La primera semana que comencé conocí a mi esposo. Fue algo chistoso porque él me dijo que yo sería la madre de sus hijos.

En ese momento pensé que estaba loco, pero él siguió frecuentándome todos los días. Me llevaba flores y regalos.

Un día me dijo que no me rogaría más y luego de eso se perdió por unos días, haciendo que el trabajo se volviera menos pesado. Sin embargo, no tenía dinero para pagar la renta de mi apartamento, que en ese tiempo eran cuatrocientos dólares al mes. Aparte, empleaba alrededor de doscientos más para comida y artículos de uso personal cada quince días. También debía ahorrar para pagarle el viaje, así que era muy poco lo que ganaba y al no poder pagar, me pasaron a dormir a la sala de la casa con todas mis cosas en cajas.

Después fue más duro por las nevadas, no podía trabajar. El esposo de la señora que me rentaba me echó a la calle y yo no conocía a nadie; tenía 3 meses de haber llegado y sólo tenía una amiga que había hecho en el bar.

Ella me ayudó a estar unos días en su casa, mientras conseguía un trabajo ya que tenía obligaciones, una hija que comía y vestía en Honduras.

Así que le pedí ayuda a mi enamorado, que actualmente es mi esposo.

Le dije que me ayudara en lo que conseguía un trabajo y, en el mismo mes, me embarazó.

Mi vida dio otro rumbo.

Sufrí mucho porque él estaba acostumbrado a salir todos días a tomar con sus amigos, me dejaba sola todo el tiempo y trabajaba los 7 días y, cuando salía del trabajo, únicamente llegaba a casa para cambiarse de ropa e irse de juerga. Muchas veces llegaba a las tres de la mañana.

El dueño de la casa me acosaba sexualmente, ya que se daba cuenta que pasaba la mayor parte del tiempo sola y, un día, cansada de toda esa situación, le dije a mi esposo que lo dejaría una vez que la bebé naciera, ya que estaba cansada de vivir encerrada entre esas paredes.

Cuando la bebé nació, él comenzó a descansar un día y llegaba un poco más temprano.

Él me dijo que nos casáramos y cuatro años después de estar juntos, conseguí un trabajo para ayudar a mi hija y mis padres.

Después de 5 años tuve otro bebé, mi hombrecito al cual llamé Justin. Yo estaba muy feliz por mi niño, pero su papá volvió a la calle otra vez. Mandaba a mi esposo a buscar pañales o leche para los niños y se iba con sus amigos a tomar y regresaba a las 4 o 5:00 de la madrugada. Era muy duro para mí, solo pasaba llorando.

En ese tiempo tomé la decisión de buscar a Dios y, debo admitir que fue la mejor decisión en mi vida. Tuve muchas pruebas difíciles, pero las superé.

Oré mucho para que mi esposo dejará ese trabajo que tenía y dejara la calle.

2 años después decidió cambiar su vida y se bautizó en la iglesia. Sus amigos se alejaron y lo

comenzaron a tratar mal, pero yo siempre estaba con él apoyándolo.

En 2015 decidimos casarnos por la iglesia y en ese mismo año logré traer a mi niña que tenía en Honduras. Ese fue uno de los días más felices para mí porque ya la tenía a mi lado.

En ese tiempo fui al médico para realizar un chequeo de rutina y el resultado mostró que tenía células cancerosas en mi matriz. Sin embargo, aprendí a tener mucha fe en Dios.

Cuando volví a ir por mis otros resultados, estos indicaron que ya no tenía nada. Los médicos se sorprendieron ante esto porque no sabían qué había sucedido.

Pero, yo sí lo sabía.

Sin embargo, independientemente del resultado me darían tratamiento o me quitarían la matriz.

No obstante, a los meses, Dios me dio otro milagro: estaba embarazada. Mi pequeña hija se llamó Victoria, porque fue la respuesta de Dios de que nunca me dejó sola, de que siempre estaba conmigo.

Mi bebé nació y quise buscar más ingresos para mi hogar, así que comencé a hacer comida. Siempre estaba orando para que mi esposo dejará el trabajo que tenía porque ahí lo trataban mal y, aparte de eso, sus compañeros de trabajo eran alcohólicos y apostaban dinero entre ellos. Además, los amigos comenzaron a pagarle dinero para que tomara junto con ellos.

Sin embargo, un día Dios escuchó mis oraciones y lo despidieron.

Él me preguntó qué haríamos ahora. A lo que yo le respondí que teníamos manos y pies, que además de eso teníamos salir. Entonces acordamos que yo cocinaría y él realizaría las entregas

Debo admitir que siempre le pedí a mi padre celestial un negocio y uno de esos días en que mi esposo estaba entregando una comida, un amigo le dijo que estaban rentando un local para negocio, entonces llegó a casa y me lo hizo saber.

Ese día me puse tan feliz porque por fin se haría realidad mi sueño de tener mi propio negocio. Él argumentó diciendo que no teníamos el dinero, pero mi respuesta fue que lo lograríamos en el nombre de Dios, que él no proveería.

Mi esposo dudaba, pero yo no, así que hicimos una cita con el dueño del local para hablar sobre un contrato y sin dinero, le rogué a un familiar que me prestara $3000; no le dije para qué y, aunque al principio no quería prestárnoslo, terminó cediendo

Mi esposo quería otras cosas, él quería andar en la calle vendiendo productos de Centro América, pero Dios tenía otros planes.

Llegó el día de la cita y me puse a orar antes de entrar, porque mi inglés no es tan perfecto y mi esposo no habla nada de inglés. Sin embargo, el dueño muy contento me saludo. Nos dijo que si queríamos abrir un negocio, que entonces podríamos hacerlo, que el precio de la renta era de $2500 y que teníamos 3 meses para arreglar el local.

Con esto solo nos sobraban $500 y teníamos que comprar productos, remodelar, limpiar... Prácticamente teníamos que invertir $15,000 y no lo teníamos, pero yo siempre confiada que Dios estaba con nosotros, así que trabajamos limpiando casas y yo por mi parte, seguía cocinando en casa para abrir nuestro negocio.

Un día, de la nada, nuestros amigos comenzaron a preguntar si necesitábamos ayuda y nos prestaron $20,000 sin nosotros preguntar por qué. Pero claro que Dios siempre estuvo a nuestro lado guiándonos.

Cuando llegó el día de abrir, lloré de felicidad porque mi sueño se había hecho realidad; mi esposo por su parte, estaba muy enojado conmigo porque él no quería ese negocio.

Durante dos semanas no me dirigió la palabra.

Tuve muchas pruebas, hubieron personas que no estaban contentas con nuestro triunfo e hicieron hasta lo imposible para que cerráramos el negocio, pero no lo lograron.

La contadora que contratamos nos robó dinero, luego la compañía de seguros también y personas sin escrúpulos lo quisieron hacer, pero nada de eso impidió que mi sueño se hiciera realidad.

Vamos a varios años de estar trabajando y Dios sabe por qué nos dio la bendición del negocio porque desde que abrimos hemos podido ayudar a muchas personas con trabajo y alimentos para los más necesitados.

Actualmente tenemos 11 empleados y siempre estamos ayudando a la comunidad con alimentos y a las personas que nos piden ayuda.

Puedo concluir que los sueños se pueden hacer realidad siempre y cuando luchas por tu objetivo. Que nada te detenga, si te caes, vuelve a levantarte; nunca te rindas y dale gracias a Dios por todo.

Soy ejemplo de que el que persevera alcanza bendiciones para todos.

Mi proceso de Oruga a Mariposa

María Cuebas

Vientos Huracanados

Maria C. Cuebas

Es una empresaria puertorriqueña, que emigró a New York en 1989 con sus tres pequeños hijos.

Graduada en Administración Hotelera, llegó con el sueño de tener su propia empresa; ha sido dueña de varias empresas con muchísimo éxito, desde Centros de Cuidado Infantil y Centros de Estética. Con su vasta experiencia como Esteticista Médica, ha estado envuelta en la comunidad dictando seminarios como Coach de Salud y Belleza, promoviendo la unión de los expertos en belleza y salud integral.

Recientemente incursionó en el campo de la gastronomía con su primera Cafetería/Restaurante y pronto con un restaurante de cocina latino americana.

La meta con esta nueva aventura es hacer llegar a la gente los cuentos, fábulas y leyendas que nos contaban nuestras abuelas, acompañados de un buen café.

https://www.facebook.com/mariacuebas.thecoach

María Cuebas

Mi proceso de Oruga a Mariposa

María Cuebas

Vientos Huracanados

María Cuebas

Se escucha el sonido de la alarma a las 6 am de la mañana. Ya amaneció. Cici estira su mano y apaga la alarma de su celular, estira su cuerpo lentamente hasta ponerse de pie; una vez más se había quedado dormida en una esquina de su dormitorio.

La misma esquina que por varias semanas la ha arrullado hasta lograr dormirla. Llega hasta el baño y levanta su mirada al espejo, se queda contemplando su rostro por unos segundos y, de repente, rompe en llanto.

'Perdoname mi niña', le habla Cici a la imagen en el espejo. 'No temas más, yo estoy aquí para protegerte y cuidarte, te amo, te amo tanto'.

Cici se fundió en un abrazo cálido con su niña interior, fue un momento inolvidable para ella.

Mi proceso de Oruga a Mariposa

Desde ese momento comenzó a entrar la luz a su alma; los vientos de esa tormenta por la cual atravesaba, callaron. Las nubes aún estaban, el desastre que dejó la tormenta a su paso, también era muy real, pero callarla fue el primer triunfo.

Cici se arregló y manejó a su trabajo de medio tiempo, en el camino dio gracias por tantas bendiciones que no se podían ver en medio de tanta destrucción. Mientras manejaba, el sol brillaba en el parabrisas y recordó cada tormenta que había marcado su vida, cuál fue el nivel de desastre de cada una y como las sobrevivió. Sí, fue aquí donde la realización de su resiliencia se abrió ante sus ojos.

Siendo Caribeña, comparaba los fracasos y perturbaciones de su vida con las tormentas y huracanes que han azotado el Caribe en su generación. Recordó que muchos años atrás, por su vida pasó un huracán que arrasó con su tejado y movió los cimientos de su casa, pero, aun así, su casa estaba erguida. Sufrió daños, sí, muchos, seis meses, encerrada en total oscuridad, Cici, solo respiraba.

Su corazón estaba quebrado, sentía que le habían arrancado un pedazo de su corazón, un riñón, un pulmón, así era su dolor. Ese huracán la agarró y la estrelló contra edificios, contra el suelo. Todo estaba quebrado, agrietado.

Con el pasar de los años, esas grietas fueron sellando, aun con cicatrices para nunca olvidar, pero los cimientos se reforzaron con un muy poco esfuerzo físico, emocional, ni mental. Solo el tiempo, en este caso, el señor Tiempo puso todo en curso.

Cici resurge, se reinventa y sale adelante con sus personas importantes. Empresaria al fin, inventó y construyó su nuevo imperio.

Cici era feliz, plena, pasaron varios años, claro está, nunca falta un día con vientos fuertes y lluvias torrenciales. Sonrió al recordar que pudo salir de esa tormenta y sacar con bien a sus seres queridos.

'Ya estoy aquí'.

Cici llegó a su trabajo, toma el elevador y cuando llega a su piso, sonríe, saluda y toma el primer cliente del día. Mientras atiende a su cliente se da cuenta de que no es lo que ella desea hacer. Cici siempre ha sido capaz de tomar decisiones sin darle mucha vuelta al asunto. Terminando su cliente se dirige a la oficina y tan rápido como tomar un vaso de agua en un día de calor, renuncia. La decisión de Cici fue el segundo paso más importante de su sanación emocional, luego de su encuentro con su niña interior.

Cici toma sus cosas, se despide de varios compañeros sin dar más explicaciones y ni siquiera toma el elevador, decide bajar por las escaleras, la decisión que acababa de tomar la llenó de más energía.

Ya me dio hambre pensaba, se fue a su apartamento, se preparó las panquecas más deliciosas que había comido en su vida, huevos revueltos, salchichas italianas y jugo de naranja,

'Ok Cici', como ella suele decirse cuando se habla en voz alta. 'Y ahora a trabajar'. Tomó su libreta y lápiz. En un momento ya tenía todo su plan de negocios construido.

Cici, hizo un paro y sus pensamientos la llevaron a recordar su segundo huracán. La magnitud de este huracán le cambiaría la vida en todos los aspectos. Este huracán llegó hace unos diez años, aparte del último que pasó por su vida. Este huracán llegó como ladrón en la noche; Cici pensó que tenía todo cubierto y asegurado y que un huracán de esta categoría no podría pasar por su casa.

'Que ingenua fui, dijo Cici en voz alta. Este segundo huracán golpeó tan fuerte que se llevó todo, gracias a Dios no cobró vidas. Mi casa, mi templo, mi santuario; todo lo que con tanto esfuerzo y sudor construí, estaba destruido, borrado del mapa.'

En esta ocasión, Cici tendría que comenzar de cero, lo había perdido todo. En realidad, lo más que le dolía es que su corazón estaba en pedacitos, en pedazos tan pequeños que se hacían polvo.

'Una vez más pensé que no tanto era lo material, sino, la decepción.' Lloró por dos semanas seguidas y por dos años más, cada vez que recordaba o hablaba del tema no podía evitar llorar. Esta vez necesitó más que del señor Tiempo para reparar el daño; necesitó Fe, necesitó de sus amistades y familiares.

En esta ocasión Cici ya no quería construir. Se le bloquearon las ideas, ya no quería su imperio, ya no quería nada, solo quería trabajar en alguna empresa, llegar a su departamento y repetir lo mismo al otro día. Se había perdido a sí misma. Ese huracán se llevó su esencia. Cici iba y venía como las olas. Así pasó el tiempo y Cici construyó de cero, pero sin darse cuenta, sobre arena movediza.

Ring, ring, suena el timbre del teléfono móvil y es la dueña del establecimiento que Cici desea arrendar para comenzar su pequeña empresa. Sale de sus pensamientos y contesta. El establecimiento era suyo. Cici corre a entregarle el cheque por el pago del local a la arrendadora. Comienza la limpieza y decoración de su nuevo establecimiento. Ya con un establecimiento su cartera de clientes comienza a crecer.

Cici, llevando tan poco tiempo en ese pueblo logra hacerse conocer muy rápidamente por la calidad de sus servicios y la gracia del Universo.

Al cabo de unos largos meses, se cambia de su apartamento a una casa en los suburbios. Acomodó una parte de la casa para mover su negocio ahí. Movió todo lo que se encontraba en el establecimiento a la casa y entregó su llave, muy agradecida por la oportunidad, pero había crecido, requería de más espacio para poder atender mejor a sus clientes.

La mudanza no fue fácil. El día de la mudanza terminó muy cansada y frustrada por tanto qué hacer y tan poco tiempo.

Gracias a Dios ya terminé por hoy, ahora solo quiero un baño con agua bien caliente para relajarme', pensó.

Luego de un baño largo y relajante se dirigió a la cocina y se preparó un rico té de jengibre y lo endulzó con miel. Acercó una silla y se sentó frente al comedor. Tomando su té volvió su pensamiento a esta tercera y última tormenta, tormenta que la trajo a donde se encuentra en este momento.

Como desearía que esto fuera una pesadilla'. Cici se agarra su cabeza y la mueve en negación. Aún se le hace tan difícil y tormentoso pensar que sí vivió esta última tormenta.

Este huracán rebasó la categoría cinco. Este huracán tenía una docena de brazos y tres cabezas, era más oscuro que la noche. Cada una de sus cabezas tenía tres ojos negros y brillosos como azabache, sin alma. Sin darnos cuenta, ese huracán se movía sigilosamente entre todos. Cuando sentimos sus vientos, ya había dejado a su paso la destrucción más grande que hasta este momento hemos vivido'.

Así fue, los cimientos donde Cici había comenzado a construir después aquel segundo huracán, fueron plantados en arena movediza.

'Ese terreno donde todos habíamos puesto nuestra confianza, donde acampamos, donde nuestros niños jugaban, no era tierra firme', construimos nuestras casas como el cuento de los tres cerditos, chozas hechas en pajillas. En esta ocasión, un monstruo feroz soplo, soplo y soplo. Así fue ese tercer huracán. Se volaron nuestros techos, nuestras paredes cayeron, dejando atrás solo polvo y escombros y con esto, muchísimo dolor, confusión, temor y decepción.

Habían transcurrido tres años desde el paso de ese último huracán y un año de la mudanza de Cici a los suburbios. Cici continuaba trabajando, construyendo. Así mismo la casa se hizo muy pequeña para vivir y tener su negocio. Llegó el tiempo de volver a mudar su establecimiento.

'OMG, otra mudanza más, parece que fue ayer, siento un poco de nostalgia, pero mucha emoción por el crecimiento empresarial', pensaba en voz alta. Encontró el establecimiento perfecto y no solo mudo el negocio que le apasionaba, sino que emprendió un nuevo proyecto, estaba super emocionada.

Mientras Cici se encontraba construyendo y formando su nueva vida, también sus seres queridos estaban trabajando en lo mismo, lo cual le daba paz. Ella siempre estuvo ahí, apoyando, escuchando, soportando muchas veces las descargas de sus seres amados, pero al pie del cañón.

Ya había transcurrido un año más desde esa última mudanza. Suena el celular de Cici:

"Hi mom, tenemos cena el domingo, en la casa de Vale". Era su hija Charly en la otra línea.

'Ok', respondió. 'Llevo el postre, trabajo hasta media tarde, ahí nos veremos'. La semana pasó muy rápido y llegó el domingo. Cici salió apresurada de su establecimiento al mercado buscando el postre para la cena. 'Llevo este y este otro', se decía mientras corría por el supermercado.

Llegó a casa de Vale, su otra hija, hablaron, rieron y cenaron. Fue una tarde hermosa, era un ambiente con olor a paz y alegría. Mientras todo esto transcurría, Cici se movió a la cocina para observar a corta distancia como sus seres queridos y ella misma se habían reconstruido. Miró a su niña interior, le tomó la manita y mientras le apretaba delicadamente, le susurro:

'Te prometí amarte y cuidarte, aquí estamos, míralos'.

Todos habían salido de aquellos escombros del dolor, el miedo, la angustia y frustración que había dejado aquel último huracán. Sus casas ya no eran de pajilla, ahora eran más fuertes, se habían construido en ladrillos. Sus almas estaban fortalecidas, habían sido los arquitectos de sus nuevas vidas. La resiliencia era nuestro cimiento.

Biena Depeña

¡Nací para ser una leona!

Biena Depeña

Es la fundadora y consultora principal de The Aramis Consulting Group, una firma de manejos de proyectos y traducción de idiomas. La firma se enfoca en la implantación de programas y proyectos, así como en la planificación estratégica de programas y proyectos.

Antes de iniciar su negocio, Biena administraba los restaurantes y bares de sus padres. Biena tiene una licenciatura Psicología con doble especialización en educación y Ciencias Políticas de Dowling College. Una maestría en Administración Pública de Long Island University y un Postgrado de Cornell University en Manejos y Gestiones de Proyectos.

En 2015, Biena creó The Aramis Group, LLC, una firma de consultoría MWBE, DBE con un enfoque en adquisiciones y manejos de proyectos gubernamentales. Actualmente, es la Directora de proyectos de impacto comunitario para United Way of Long Island; una organización sin fines de lucro.

Biena es mentora de jóvenes, Aboga por los recursos y accesos comunitarios para la comunidad latina, así como también aboga por el acceso al lenguaje para las personas que no hablan inglés.

Los logros más grandes para Biena son: ser un agente de cambio en su comunidad y madre de su hijo Julián.

https://www.facebook.com/bibi.sant.77

Biena Depeña

Mi proceso de Oruga a Mariposa

¡Nací Para Ser una Leona!

Biena Depeña

¿Sabías que el león no es el rey de la selva? La leona lo es.

La leona se encarga de cazar, mantener la familia y lo hace todo en compañía de otras leonas. El león solo sale cuando hay que defender a la manada. Ella es valiente, fuerte y elegante. La leona brilla desde adentro sin importarle la opinión de los demás. Sobre todo, ella crea su propia comunidad de otras leonas para edificarse e inspirarse.

¡El principio!

Mi nombre es Biena, el cual se deriva de Viena, la capital de Austria. Según mi papá, conoció a una mujer de Austria y decidió llamarme así. Soy la mayor de cuatro hijos y la única hembra en mi familia. Nací en la República Dominicana de vendedores ambulantes que hicieron todo lo posible para que su única princesa tuviera todo lo que quería. Uno de mis primeros recuerdos de ellos fue vendiendo accesorios para hombres y mujeres en la calle. Algunos días eran buenos y otros no. Especialmente cuando llovía, pero eso me ayudó a crear carácter.

Mis recuerdos favoritos eran de mi madre enseñándome cómo envolver regalos para las fiestas como el día de San Valentín, día de las madres, etc. Eso me enseñó a trabajar en equipo, colaborar y leer a las personas, ya que a menudo teníamos una mesa fuera de las grandes tiendas y los clientes venían a nosotros para envolver sus regalos. Cuando hacíamos buen dinero, mi padre me ponía sobre sus hombros y me llevaba a comprar zapatos y helado, porque toda chica necesita zapatos extra. Éramos pobres, pero de niña no sabía lo que eso era porque mis padres hacían todo lo posible por darme lo que quería. Especialmente mi padre.

Cuando tenía entre 8 o 10 años, mi padre vino a los EE. UU. Y fue mi abuela quien me crió. Ella cuidaría de mí y mis hermanos mientras mi mamá trabajaba. Esos fueron momentos difíciles porque no teníamos mucho dinero y era de alargar lo poco que mi papá mandaba, porque no sabíamos cómo nos iba a ir ese mes. Recuerdo que había veces en las que solo teníamos dinero para comer arroz con huevo o arroz con berenjenas.

Tuve una crianza interesante, porque tuve muchas influencias. Por un lado, mi madre me decía que fuera fuerte, independiente, ¡a tener lo mío! Mi abuela me crió para ser esposa. Ella me enseñó a hacer todo. Me enseñó a siempre estar bien vestida, pelo arreglado.

Uno nunca sabe cuándo se va encontrar a alguien que le dé un trabajo o se enamore de uno, así que hay que mantenerse arreglada, decía mi abuela.

Los domingos eran los días de belleza: íbamos a limpiar la casa y a hacernos rolos y luego nos sentábamos en el sol para que el pelo se secara. Mis padres tenían grandes expectativas para mí. No solo tenía que ser una hija ejemplar, sino que también un modelo para mis hermanos y aún lo soy. También comportarme como una dama porque ningún hombre quiere una chica fácil que corra por la calle.

¡Como pre-adolescente me obsesioné en ser la mejor! Hice todo lo posible para que mis padres vieran que tenía la cabeza bien puesta.

A medida que crecía, me había hundido en un perfeccionismo enfermizo. Mis padres estaban tan orgullosos de mí, pero me sentía víctima de este ciclo loco en el que estaba viviendo para impresionar a la gente y a mi familia. ¡Era perfecta! La gente elogiaba a mi mamá por criar a una joven responsable. En ese momento no sabía la tormenta en que vivía.

¡No encajé!

Eventualmente emigré a los Estados Unidos y ahora vivía con mi papá y mi hermano. ¡Mi papá siempre tuvo sus expectativas altas! Venir a los Estados Unidos cuando era adolescente fue probablemente una de las experiencias más difíciles para mí; me sentí como un árbol, arrancada de raíz y tirada en el medio de la nada para reconstruir mi vida. Como cualquier otro inmigrante, no solo tuve que aclimatarme a la cultura, el clima, gente nueva, las formas de hacer las cosas y el idioma. Lo más grande para mí fue estar sola. Me tomó años sentirme cómoda.

Vine a los Estados Unidos cuando era adolescente. Y como cualquier otro adolescente, tenía emociones encontradas después de dejar a mis amigos. Por un lado, estaba emocionada porque finalmente iba a vivir la vida que siempre quise: la vida que mostraban en las películas. Una casa grande, mi propio vestidor y caminar por Times Square.

Recuerdo llegar al aeropuerto JFK en Nueva York en pleno invierno con únicamente un suéter ligero. Afortunadamente, mi papá me tenía un abrigo diez tallas más grande que yo.

Salí por las puertas del aeropuerto y el viento me cortó la piel; según mi papá apenas había parado de nevar un par de horas antes. Recuerdo que estaba tan frío que sentía que no podía respirar, me dolía el pecho. Luego nos dirigimos a este complejo de apartamentos en este vecindario. En mi mente, pensé que era una broma. Conociendo a mi padre, él es un gran bromista, así que pensé que el apartamento pequeño sin vistas, sin pisos de madera, era broma y que nos iríamos por la mañana.

Pero llegó la mañana y yo seguía allí, no era broma; esto era mi nueva casa. Estaba tan desconsolada, ¿cómo podría vivir aquí? Esta no era la ciudad, pero la vida necesitaba continuar, así que nos fuimos a inscribir en la escuela. Haber aprendido inglés en la República Dominicana significaba que podía ser más útil, y ayudar más a mi papá que hablaba muy poco inglés y, aunque las barreras del idioma eran menores comparadas con otros, yo solo tenía días de estar en el país, pero mi papa tenía muchas expectativas para mí, así que fuimos al distrito escolar de Hempstead para registrarnos en la escuela. Llené los formularios míos y de mi hermano, las cosas que no entendía las buscaba en el diccionario y así me defendía. Mi papa siempre confió en mí para las traducciones. Él decía que confiaba más en mí que en mi hermano para hacer las cosas bien.

Recuerdo lo emocionada que estaba de asistir a una nueva escuela donde no tenía que usar uniforme y conocer gente nueva de diferentes países. Desafortunadamente, me sorprendió saber que los estudiantes no querían ser amigos, no querían saber nada de mí porque era dominicana y me identifico como afrolatina. Esto fue una etapa muy difícil porque yo solo quería ser aceptada por ellos.

Una de las razones principales por las cuales fue una etapa difícil fue porque no encajaba con nadie. Para los latinos, no era lo suficiente Latina y para los afroamericanos, no era lo afroamericana suficiente para estar con ellos tampoco. Muchas veces fui víctima de burla y mofas por ser dominicana. Me decían que no era dominicana porque no hablaba de tal manera, incluso me llegaron a insultar.

En algún momento decidí que los chicos de la escuela me iban a aceptar de una u otra manera. Recuerdo que tenía entre dieciséis o diecisiete años y tenía ganas de encajar y empecé a cambiar quién yo era. Salía y subía a la azotea a broncearme.

Usaba uñas acrílicas largas y trenzas porque tenía la piel demasiado clara. Empecé a hablar y a caminar diferente y, por supuesto, vestía a la moda. Así que cuando decidí cambiar, mi personalidad tuvo que cambiar también: era más atrevida, hablaba más; buscaba validación y atención en todos los lugares equivocados.

Tuve mi primer novio. Mi papá no lo sabía y mi hermano estaba tratando de ser útil cubriéndome. Poco sabía que este chico cambiaría mi vida para siempre. Su nombre era Mike. Era un buen tipo, o eso pensaba; al principio era considerado, amable, me compraba regalos y me brindaba toda la atención que quería.

Un día de San Valentín, me asaltaron caminando a casa desde la escuela. Mike se escapó y me dejó sola. Cuando mi hermano se enteró, se molestó mucho y me dijo que me alejara de él porque era pandillero. No lo creí. No fue hasta que traté de dejar a Mike que vi sus verdaderos colores y su lado abusivo. Yo estaba aterrorizada de él y traté de dejarlo un par de veces sin suerte. Recuerdo una de las veces que trate de romper con él y me dijo que tenía amigos que me estaban vigilando por si hacia algo estúpido.

Mi única forma de dejarlo fue uniéndome a un grupo de jóvenes después de la escuela. ¡Ese programa me salvó la vida! Por la gracia de Dios y el dirigente de ese programa, quien vio el mal camino que estaba tomando me puso bajo su ala, me guió y pudo ayudarme a salir adelante. Si no hubiese sido por él, yo no estuviera aquí hoy. Através de ese programa pude conseguir mi primer trabajo en una organización sin fines de lucro. Aun así, ese trabajo se convirtió en una pasión por ayudar a las personas sin importar cuánto me pagaran. Por cierto, mi papá nunca se enteró de que fui asaltada por otros pandilleros.

En una de las llamadas con mi abuela le hablé del problema que tenía siendo aceptada. A esta señora no le importa lo que la gente piense o digan de ella. Es la misma mujer que tuvo diez hijos de siete hombres diferentes, así que ya saben qué puede importarle lo que la gente diga, pero estoy divagando.

Mi abuela dijo:

Bella, como me llama, ¿eres dinero?

Dije que no, entonces preguntó: ¿Eres oro? Dije que no. Luego ella dijo: ¿Por qué te preocupa tanto que no le gustes a la gente? Lo único que la gente ama es el dinero y tú no eres dinero.

Nuestra llamada terminó con ella diciéndome que debería preocuparme cuando le agradara a todo el mundo porque eso significaría que no estaba haciendo nada para cambiar el mundo. Después de la conversación con mi abuela, bloqueé a las personas que solo eran mis amigos cuando necesitaban algo de mí.

Me tomó tiempo, pero dejé de hacerme sentir pequeña y editarme, para no incomodar a nadie, ¡y comencé a vivir! Por primera vez en mi vida, no estaba fingiendo ser una persona feliz y perfecta. ¡Era solo yo! Imperfecta y no estaba interesada en satisfacer a nadie, sino solo a mí misma.

Las siguientes son lecciones que he aprendido para convertirme más auténtica.

1. ¡La perfección no existe!
2. Complacer a los demás nunca arreglará ni resolverá nada.
3. No eres dinero para ser del agrado de todos.
4. Debes cambiar porque quieres, pero no para complacer a otros.
5. ¡A las leonas no les preocupa o les importa la opinión de las ovejas!

Ana María Figueroa

La Máscara del Guardián

Ana María Figueroa

Carrasquillo nació y se crió en Puerto Rico; sin embargo, emigró con su madre y su hermana a los Estados Unidos a los 15 años. Ana es hija y esposa y está orgullosa de llamarse madre de sus tres retoños: Amber, Ashley y Justin, a los cuales ama profundamente y daría la vida por ellos. También es abuela de la bella Ana-Sophia Alexandra.

Ana se siente orgullosa de poder brindar apoyo a las personas que buscan lograr lo que han estado añorando. Observar a otros alcanzar sus sueños, la llena de la fuerza que necesita para seguir cumpliendo su llamado y brindar una mano amiga.

El compromiso y el amor de Ana es empoderar a los demás, siendo un ejemplo primero para su familia y sus seres queridos. Su pasión es proveer una base sólida y estable para los niños, familias y las comunidades a las cuales sirve gracias a la misión y la filosofía de Long Island Head Start, agencia para la cual trabaja. Comenzó en el 2006 y ahí encontró su verdadera pasión asistiendo a las familias.

Ana tomó la decisión de compartir esta historia dándose la oportunidad de empoderarse como persona y como su propio legado de amor y resiliencia. Un legado de inspiración para sus hijos y familiares. El legado del ALMA.

https://www.facebook.com/sbdcadriana.club

Ana María Figueroa

Mi proceso de Oruga a Mariposa

La Máscara del Guardián

Ana María Figueroa

Una niña risueña y llena de sueños, la cual llegó al mundo desde una isla caribeña rodeada de un mar de agua resplandeciente bajo el cielo azul. Con sus palmeras verdes bailando con el viento, el cual las acariciaba con el amor y la ternura que una madre acaricia el cabello de sus hijos. Una niña en un núcleo familiar de sangre y de familia adquirida desde una corta edad. Con una madre trabajadora, la cual observaba cómo se sacrificaba para poder dar lo mejor que podía a sus dos hijas trabajando incansables horas dando ejemplo de superación y supervivencia.

La niña veía a su madre enfrentar con fortaleza todas las tribulaciones que la vida enviaba a su camino sin darse por vencida, aunque a veces así pareciera. Una madre que, sin darse cuenta, le enseñó el camino caritativo de la vida. Le enseñó a dar sin tener que esperar nada a cambio. Como también le enseñó a mantenerse fría en los momentos difíciles de la vida. Una vida que le brindó muchos momentos significativos al igual que momentos muy duros, los cuales jamás hubiera pensado que tuviera que enfrentar o sobrevivirlos. La niña aprendió desde temprana edad que tenía que salir adelante, aunque a veces sola y sintiendo que no tenía a donde ir por un consejo sin ser juzgada. Aunque no era fácil mantener una sonrisa en su rostro, aprendió a mantener esa sonrisa, lo cual comenzó a convertir en la máscara de sobrevivencia. La sonrisa, la cual cubría sus más sentidas emociones mientras brindaba su ayuda a otros, aunque a veces era difícil mantenerla en su rostro aún doliéndole sus mejillas.

Uno de esos primeros momentos, el cual todavía recuerda claramente hoy en día; era un día con un sol brillante en esa isla caribeña bella la cual brindaba a sus habitantes una brisa agradable. Un día, el cual sabe que hizo llorar a uno de sus seres más queridos sin ser el propósito por la simple razón de extrañar a un padre, el cual estuvo con ellas hasta una corta edad de sus vidas. Las cortas y vagas memorias que tenía de ese ser al cual vino a este mundo conociendo como su padre. Ese día, precisamente por cualquier equis razón, los sentimientos de esta niña estaban añorando el calor y amor de un padre, el cual le hacía falta y al cual le hubiera gustado abrazar por tan siquiera un minuto. Pero ahí en ese momento, al expresarle a su madre lo que deseaba, ella en tono firme la regañó mientras le dejaba saber que su padre nunca regresaría. En ese preciso momento de sentimientos encontrados sintió los brazos de su madre mientras la agarraba dándole un abrazo fuerte y mientras acariciaba su cabello azabache repleta de rizos. Sintió que había decepcionado a su madre al expresarle los sentimientos más profundos que allanaban su corazón; sentimientos que simplemente añoraban el cariño de un padre. Sintió las lágrimas de su madre en su hombro y escuchó cómo salía un suspiro de dolor de su boca, aunque trato de disimularlo, mientras todavía la abrazaba fuertemente. Ese día aprendió que no podía traicionar los sentimientos de un ser tan querido y el cual daba lo mejor de sí a sus dos retoños, los cuales le tocó criar sola sin una pareja que la apoyara y compartiera la crianza de esas dos niñas que juntos procrearon. Se acuerda de llorar y probar sus lágrimas saladas que parecían lagos corriendo por sus mejillas hasta llegar a sus labios.

En ese justo momento la niña aprendió lo que era dolor del corazón al sentir que, aunque tenía sus sentimientos claros, no podía traicionar el ser más querido. Aunque la niña risueña se sentía confundida con ese sentimiento, entendió que el lago de lágrimas saladas, tenía que desaparecer y mientras levantaba la cabeza del hombro de su madre quería asegurarse que de alguna manera tenía que consolarla. Una sonrisa abarcó su rostro y la palabra perdón desembarcó su boca asegurándose que ese rostro de tristeza se alejara del rostro de su madre. Ella escuchó las palabras que salían de la boca de su madre sonando como las campanas de una iglesia diciéndole: está bien, no te apures, te quiero. En ese instante la niña entendió lo que era el amor de madre y el profundo y peculiar sentimiento al cual se le llama dolor. Mientras levantaba su cabeza del hombro de su progenitora se dio cuenta que la sonrisa plasmada en su rostro también allanaba el rostro de su madre, como si fuera el resplandor de su propia sonrisa y, aunque se sintiera como cuando se lleva una máscara cubriendo la verdadera cara o los sentimientos más puros de una persona, mantuvo esa sonrisa.

Otra de las muchas experiencias donde la niña emprendió batalla y la máscara una vez más cubrió su rostro, fue cuando su abuelito, quien ella amaba con toda su alma y quien tomó la esencia del padre ausente, se enfermó. Se enfermó durante una época festiva de navidad, la cual en la isla caribeña se festejaba a lo grande con fiestas de casa en casa llevando parrandas a familiares y amigos. Esta es una costumbre y parte de la vida de los caribeños durante la época que no concluye hasta el día de los reyes magos. El abuelo terminó hospitalizado por una grave enfermedad que la niña entendió ser muy común en los hombres. Le tocó cuidar al abuelo durante el día mientras su madre y su tía cumplían con sus labores de trabajo. La niña apenas tenía unos once años, pero igual no le importó no poder disfrutar de las fiestas navideñas por completo para asegurarse que su abuelito estuviera bien y se recuperara pronto para regresar a casa. El abuelito vivía en la casa con su madre y su hermana menor. Después de unos días de estar acompañando a su abuelito luego de una operación de emergencia, la niña comenzó a sentirse mal. Ese día se fue a la casa con su tío y tía política con quienes pasaría la noche y regresaría al día siguiente. Se acuerda no sentirse bien pero no dijo nada porque tenía muy presente que tenía que cuidar a su abuelito y estar ahí para él y para apoyar a su madre quien tenía que trabajar. Al siguiente día cuando la tía fue a despertar a la niña le dijo con una voz exclamativa y con susto: `óyeme tú estás caliente, tienes fiebre' y prosiguió a preguntarle: ¿te sientes bien?". Cansada y sintiéndose con frío, pero sin energía y agotada a la misma vez, simplemente miró a su tía y le contestó: sí, más o menos. Y cerró sus ojos quedándose dormida. Al rato, lo que parecieron horas, la niña risueña despertó cuando su tía la llamó para decirle que tenía que levantarse y acomodarse. La niña simplemente hizo lo que su tía le pidió hacer.

Una vez que la niña terminó de arreglarse entraron en el carro del tío y comenzaron a descender de la cima donde estaba ubicada la casa de los tíos. El paisaje era verde y frondoso con un cielo despejado y un sol brillante, aunque todavía se sentía el rocío de la noche. La niña recostó su cabeza en la ventana donde se estaba quedando dormida, cuando sintió el carro parar y escuchó una voz que era conocida, era la voz de su madre. La niña risueña abrió sus ojos. Cuando pudo enfocar la vista en la figura que tenía al frente en el carro reconoció a la figura como su madre. Enseguida vio que hablaba con su tío en voz alta y en un tono fuerte. La niña risueña oyó cuando su tío le dijo a su progenitora:

Ella tiene fiebre muy alta, por eso no la bajamos.

Enseguida se oyó a la madre de la niña diciendo:

A mí no me importa, Pay, como se refería la madre de la niña a su padre. Se quitó todas las sondas porque estaba solo porque ella nunca llegó. En ese momento la niña se dio cuenta una vez más que la necesitaban y que tenía que poner sus sentimientos a un lado para poder ayudar a su abuelito para que se mejorara pronto y para que su madre estuviera tranquila. Sintió que el carro comenzó a moverse y a seguir su recorrido cuesta abajo hasta llegar a su destino. Entrando en el cuarto del hospital donde estaba el abuelo, el resplandeciente sol del día se reflejaba completamente en la ventana gigantesca del cuarto. Se aseguró de tener una sonrisa en el rostro para que su abuelito no tuviera idea de lo que estaba pasando o sospechara de la manera en cómo ella se sentía. Se acercó al abuelo y le pidió la bendición como de costumbre y el abuelito entre palabras cortadas le contestó: que Dios te Bendiga.

La niña agarró una silla y la acercó a la ventana gigantesca donde se sentía un poco más caliente para poder sentir el calor que irradiaba de ella. Al sentarse miró al abuelo quien dormitaba mientras le sonreía y la niña aprovechó para chequear todas las sondas a las cuales el abuelo estaba conectado, además de la bolsa del suero que goteaba lentamente y otra más pequeña al lado que contenía la medicina. La niña se quedó dormida una vez más con una sonrisa en su rostro.

Este relato fue el comienzo de una vida dadivosa y caritativa. Una vida con memorias, experiencias bonitas y, a la vez, enseñanzas muy duras. En muchas ocasiones siguió utilizando la máscara para seguir ayudando a otras personas, estando ahí cuando la necesitaban, pero a la misma vez se iba dando cuenta que mientras más ayudaba más se iba cohibiendo de hacer por ella misma. Aprendió a esconder sus sentimientos, especialmente con su familia cercana porque cada vez que los expresaba, siempre le hacían ver que estaba incorrecta y que sus sentimientos no importaban. Llegó a pensar que, a menos que no estuviera ahí cuando la necesitaban, no era importante. En ocasiones significantes esperaba el apoyo de las personas más queridas y siempre terminaba siendo decepcionada.

Llegó un momento donde comenzó a entender que no debería sentir pena por ella misma, tenía que ver esto como un regalo de Dios. La máscara de guardián, la cual siempre cubría su sonrisa, le daba fuerza y le proveía resiliencia cuando enfrentaba estas experiencias no muy gratas. Creció con una sonrisa en su rostro aun en los momentos más difíciles, aunque lo que sentía era deseos de llorar y de gritar a los cuatro vientos que simplemente quería un abrazo y oír un te quiero. No quería ser fuerte todo el tiempo para que otros se sintieran bien.

Hoy estoy honrada de decir que esta niña soy yo y he sabido tomar este don y hacerlo parte de mi pasión y amor a la vida. Siempre ayudando al prójimo con mi bella máscara del guardián.

Carmen Fuentes

**Cuando Pensé que un Cuchillo era la Solución.
De la Muerte a la Vida**

Carmen Fuentes

Originaria de Lima Perú. Emigró a los Estados Unidos en el año 1994.

CEO de El Salvador Rentals Corp.DBA Neighborhood Dress Shop & Carmen 's Flowers,fue fundada en el año 2006.

Es parte del ministerio Tabernaculo de Restauración a las Naciones. Líder en la Iglesia Tabernáculo de Restauración a las Naciones desde el año 2011.

Con los estudios de Consolidación y Escuela de Discipulado, para poder empezar a Liderar y llevar el mensaje de oración.

Locutora en la Radio Adonai, con su programa Milagros y Prodigios Gloria a Dios. Fue invitada a ser parte de la radio, después de escuchar su testimonio. En el año 2015.

Creadora de Tu mejor versión, taller de mujeres recibiendo empoderamiento a través de la Sanidad del Alma. Fue inspirado a través de un sueño en el año 2022.

Cada mujer tiene dones y virtudes, Dios nos ha equipado con todo su amor, para ser de bendición.

https://www.facebook.com/ElSalvadorCarmen

Carmen Fuentes

Mi proceso de Oruga a Mariposa

Cuando pensé que un cuchillo era la solución.
De la muerte a la vida

Carmen Fuentes

A través de estas líneas abro mi corazón para compartirlo contigo.

Cuando tenía 12 años, mis tres hermanos mayores emigraron a Estados Unidos.

Mis padres eran muy cariñosos, como yo era la última siempre me consentían y yo sentía que podía alcanzar las estrellas y mucho más.

Fui la niña más feliz de este mundo, al lado de mis hermosos padres.

Cuando cumplí 16 años y mi hermano 17 años, nuestros padres decidieron que lo mejor para nuestro futuro era llegar a los Estados Unidos al lado de nuestros hermanos mayores.

Mi proceso de Oruga a Mariposa

En el Año 1994 a los 16 años junto a mi hermano Javier, llegué a Los Estados Unidos a New York, al lado de mis hermanos mayores.

Cuando llegué al hogar de mis hermanos, estaba muy decepcionada. Veía que allí mis sueños y ni los anhelos de mis padres se hacían realidad.

Había muchas confrontaciones entre los hermanos y hermanas mayores, no se respetaban y mucho menos había amor entre ellos, me di cuenta que tenía que salir de ese ambiente lo más antes posible.

Mientras estuve estudiando tuve que trabajar para poder pagar mis gastos.

Yo no tenía ningún estatus legal en este país. Era una emigrante más, con muchos sueños, pero sin permiso de trabajo.

Así que tuve que salir a vender como ambulante en la calle de Junction Blvd. Queens y en las estaciones de tren en Manhattan, Queen, Bronx y Brooklyn.

Gracias a Dios conocí a más vendedores igual que yo y me decían en qué estación iban a estar, en ese tiempo solo teníamos el famoso beeper.

En el tiempo de frío vendía gorras y bufandas y en el verano billeteras y correas.

Era tan difícil estar en las calles de ambulante, los negocios no querían dejarme usar sus baños, el frío era congelante y sentía que mi cara se me adormecía al igual que mis manos. Y en el verano, sentía que el sol estaba literalmente en mi cara.

Teníamos que usar cajas improvisadas de cartón, para poder poner la mercadería.

Tuve que aprender a correr como se corre en las olimpiadas, cuando los policías venían a quitarnos todo, porque no teníamos permiso para vender.

Recuerdo cuando la policía me arrestó como criminal y me quitaron mi venta y me dejaron en una hielera, así le llamo yo porque hacía demasiado frío.

Yo creo que lo hacían para que no volviéramos a vender en las calles. Pero al día siguiente me dejaban salir por ser menor de edad. Y volvía empezar sin parar, claro que mis padres no sabían lo que yo estaba pasando, hasta muchos años después.

Siempre recibí carta de mis padres, que me decían:

"Mi hija amada, mi reina, mi niña de oro, tú vas a salir adelante, tu eres mi número uno."

Eso era más que suficiente para levantarme temprano, hacer mi línea en la escuela para el desayuno y dar lo mejor de mí. Así que mi meta era terminar el High School y poder conseguir un trabajo para hacer todos mis sueños realidad. Luego que me gradué, hubo una oportunidad de empezar un trabajo en Long Island, NY.

A los 18 años, empecé a trabajar en una fábrica de sobres como operadora de máquina, luego como control de calidad y después supervisora. Aquí viene realmente por qué decidí escribir estas líneas, cuando pensé que había conocido al príncipe azul.

Quería contar que cuando me enamore: lo que mis ojos veían era la salida del sol, escuchaba a los pajaritos cantar, sentía mariposas en el estómago y los árboles eran más verdes. Ya no me sentía sola, porque alguien tomaba de mi mano y me hacía sentir que nunca más iba estar sola.

Cuando me casé a los 20 años, fue el día más feliz de mi vida, pensé que después de ese día, nunca más me iba sentir sola, pensé que íbamos a compartir una vida juntos y que yo sería su número uno, yo sería su prioridad.

El amor no te hunde, el amor no te hace sentir sola, el amor no te desprecia, el amor no te daña; el amor tiene que ser algo que tú tienes que sentirlo y conocerlo dentro de ti, antes de poder compartir tu vida con alguien más.

Mujeres tenemos que aprender tanto del amor propio, si tú no te amas primero, nunca podrás reconocer el amor verdadero, cuando estás con falta de amor, podemos tomar decisiones incorrectas que nos pueden afectar el resto de nuestras vidas.

El abuso que muchas veces no deja marcas porque los moretones desaparecen con los días, pero las marcas más profundas quedan en el alma, ahí muchas veces se anclan para no salir. Y, a veces, pensamos que es mejor callarnos porque nuestros hijos van crecer sin padre

Pensé que hoy él sí iba poner todo de su parte; a los dos días el doctor me dijo que ya podíamos ir a casa y yo estaba tan feliz de saber que el bebé estaba con muy buena salud. La cuna fue un regalo de una compañera de trabajo que era de su hijo.

Durante mi embarazo conocí a Delia, una señora muy buena que tenía su familia y vivía muy cerca de mí y siempre me buscaba para hablarme de Dios y me aconsejaba muchísimo.

Yo volví a trabajar inmediatamente y ella cuidaba al recién nacido,

Al pasar los días empezó la relación a romperse, yo quería que él cambiara y cada vez que me lo prometía, era cuando más rápido se le olvidaba.

Recuerdo que al ver que no podía pagar la renta y su carro se malogró, tomó mi carro y lo empezó a usar.

Ahora cómo iba a llevar mi bebé a la babysitter y me iría al trabajo, sencillamente él no quería asumir su responsabilidad.

Recuerdo que empezaron los empujones, las amenazas, los gritos, los insultos, la falta de respeto, las comparaciones y cómo lograba hacerme sentir menos para que yo no me sintiera capaz de salir adelante.

Luego de los empujones, empezaron las patadas y de ahí a lastimarme físicamente.

La única solución que encontré para mí fue, según yo, provocar mi muerte, para que él tomara conciencia de lo que me había hecho. Yo quería que él llevara esa culpa por el resto de su vida.

Así que empecé a planear mi muerte.

Sabes algo, el dolor que tenía en mi alma era tan grande, que pensé que al matarme todo mi dolor se acabaría. Pero en ese momento no me di cuenta que iba dejar a mi hijo de un año y medio sin madre. Es increíble como mi mente y mi alma estaban tan vacías.

Recuerdo que fui a comprar el cuchillo más grande que hubiera en la tienda, lo llevé a mi casa y empecé a planificar el horario y cómo sería.

Según yo sería a la hora de la madrugada, cuando él entrara a la casa y empezara a golpearme, entonces correría a la cocina y entonces me introduciría el cuchillo en el estómago.

Y así llegó el próximo día y luego la noche, estaba muy nerviosa y ansiosa y las cosas no sucedieron como yo lo había planeado.

Cuando agarré el cuchillo y lo levanté para matarme, el cuchillo me cortó la mano y yo caí al suelo y me desmayé.

En ese momento sentí que me arrastraron de los cabellos al hospital Good Samaritan y les dijo a las enfermeras que ahí dejaba a una loca que quería quitarse la vida y se fue, dejándome ahí. Todas las enfermeras se acercaron a preguntarme cómo había sucedido y que, si estaba siendo abusada, debía denunciarlo y salir completamente de esa vida.

A los 23 años, después de 3 años de vivir en el infierno, gracias a la Corte de Familia, recibí la custodia completa de mi hijo; la jueza me dio a mí la custodia porque tenía suficientes pruebas de la Policía de múltiples veces que había sido agredida.

Cuando recibí la custodia completa de mi hijo, fue un día de nuevos comienzos, con 400 dólares empezamos una nueva vida. Nuestro primer cuarto fue muy chiquito, no teníamos ventana, cama, ollas y microondas. Solo teníamos una maleta con nuestra ropa, y los pañales, leche, abrigo, un gorrito y el asiento para el carro del bebé.

A él le quitaron la custodia por abusador, por ser negligente y poner en peligro el bienestar de un menor de edad.

Ahí me di cuenta que mi pesadilla se había acabado y que ahora solo dependía de mí para sacar adelante a mi hijo.

Le pedí a Dios que me diera fuerzas para salir adelante. Nunca dejé de trabajar, aunque ganaba lo mínimo, siempre tenía la esperanza que un día las cosas tenían que cambiar. Ganaba $50 al día y $15 era de la niñera. Me quedaba $35 al día para la leche, pañales, lavar la ropa y pagar el seguro de carro.

El amor no te hace sentir miedo, ni insultos, ni gritos, ni peleas, ni violencia; el verdadero amor te cuida, te protege y siempre buscará hacerte feliz.

El que te ama tomará de tu mano tus metas, tus sueños y tus anhelos y también serán parte de su agenda. Aprendí que todo lo que había pasado, era un aprendizaje para poder vivir el día de hoy más agradecida con Dios y poder compartir mi testimonio con todos, para decirles:

No temas, el día de hoy estoy más que agradecida con Dios por todo y por cada una de las situaciones que he pasado en mi vida. Siempre me ha sostenido, nunca me ha soltado de su mano. Dios nos ama con nuestros miedos, debilidades e imperfecciones, llamado amor Ágape el amor de padre a hija.

En estos sucesos yo aprendí que DIOS me enseñó a tener Valentía:

La palabra VALENTÍA:

1. VALOR
2. AMOR
3. LEALTAD
4. EMPRENDIMIENTO
5. NO PARAR DE SOÑAR
6. TODO ES POSIBLE
7. INCOMPARABLE
8. ADMIRABLE

Mi mensaje es: nunca es tarde para volver a empezar, aunque te sientas traicionada por la persona que tú más amas en la vida. Nada ni nadie puede paralizar que tú seas feliz y más que suficiente para salir adelante. Dios te ha dado dones y virtudes para que tú seas más que vencedora, para sacar a tu familia de cualquier situación difícil.

Gracias a Dios tengo mi familia y me volví a casar. Michael, 24 años, está estudiando Finanzas en Baruch College, Manhattan; Valerie, 16 años y Stephanie, 14 años.

A mi esposo Oscar, bendigo tu vida grandemente, admiro cómo nos ha guiado al camino de Dios. También bendigo a Carmen Hernández, gracias por ser de bendición a mi familia. Bendigo mi casa Espiritual TRN y mis Pastores, gracias a todo el Ministerio, a cada hermana y hermano.

Deléitate asimismo en Jehová Y él te concederá las peticiones de tu corazón. Encomienda a Jehová tu camino, y confía en él; y él hará Salmos 37:4-5

Bendigo tu vida en el nombre de Jesús y la de toda tu generación, que tú y toda tu casa, reciban la bendición del Padre, el hijo y el Espíritu Santo.

Mi proceso de Oruga a Mariposa

Yesenia Galeas-Vasquez

El Otro Lado De La Frontera

Yesenia Galeas-Vasquez

Nació en El Salvador; llegó a Estados Unidos a los 17 años, es esposa y madre de 3 hijos.

Presidente de LASER NOW, empresa de láser cosmético.

Apoya a la Sociedad De Mujeres Abogadas; la Sociedad De Abogados Hispanos, Proyecto Pro-Ancianos Indigentes (ES); Flutterflies, Sociedad Cáncer de Mama, Sociedad Leucemia y Linfoma; LGTB, Cámara de Comercio Hispana de Long Island, Asociación Riñón y Urología; Consejo de Artes LI, Museo de Ciencias LI, Boy Scouts, Circulo Hispanidad y Marcha De Novias.

Es miembro de la Asociación Nacional Mujeres Profesionales, también de la Cámara de Comercio East Meadow; Junta del Centro Consejería Hispana, Sociedad Histórica de Oyster Bay, Kiwanis, Gran Cámara de Comercio NY, 100 Mujeres Hispanas. COCIHAC, Girl Scouts, Cámara de Comercio Hispana LI, Conexión Caribeña de Negocios; Conexión Mamás Latinas, Dinner En Blanc, ROTACARE, Donante de Sangre y Plaquetas.

Ha recibido premios a Defensora De Educación y Preservación De Historia; Mujer De Negocios Más Influyente De Long Island, Mujer Poderosa De Long Island, Campeona De Niños, Mujer De Distinción, Líder De Comunidad, Mujer Empoderada, Premio Herencia Hispana, Estrella Latina con Geraldo Rivera y Tito Puentes.

Fundadora de "BECA FAMILIA VÁSQUEZ"

https://www.facebook.com/yesenia.galeasturciosvasquez

Yesenia Galeas-Vasquez

Mi proceso de Oruga a Mariposa

El Otro Lado de la Frontera

Yesenia Galeas-Vasquez

Era una tarde de noviembre de 1991, tenía 17 años y vivía en San Salvador. Mi madrecita llegó super temprano a casa, como a las doce del mediodía. Generalmente, como mi madre era viuda, le tocaba trabajar largas horas y, a veces, llegaba a casa a las diez de la noche, cuando ya dormíamos. Sin embargo, ese día ella nos sorprendió diciéndonos a mi hermano Manny, a mi hermana Rosemary y a mí que debíamos alistar nuestras maletas, pues al siguiente día salíamos rumbo a los Estados Unidos.

Nosotros quedamos sorprendidos y la primera pregunta fue: ¿Nos podemos despedir de nuestros amigos?

Yo era la «novia» de un joven de 21 años, él era un Don Juan; se la pasaba por ahí regalando su amor, pero aun no siendo el novio correcto. Era súper importante para mí que me despidiese de él, se llamaba Miguel. Él era rebelde, un picaflor y no era de la santa devoción de mi madre pues ese no era el futuro que ella deseaba para mí. Pero para mí era importante decirle adiós a mi novio.

Créase o no, mis hermanos y yo estábamos emocionados por la ida a los Estados Unidos, pensábamos: «¡Que chévere! Hoy sí que vamos a aprender bien el inglés pues estaremos hablando con gringos». Empezamos a planear a quien le dejábamos nuestra ropa, nuestros zapatos y los muebles de nuestros dormitorios; al final del día logramos despedirnos de varias personas, pero, obviamente, no de todas. Al siguiente día nuestra madre nos trajo a la casa de un caballero que tenía un carro deportivo color rojo súper chévere, nos despedimos de nuestra madre y nos vio partir a mis hermanos y a mí en ese carro convertible con rumbo hacia los Estados Unidos. Nunca imaginamos que tomarían seis largos y tristes años para volver a reunirnos con nuestra linda mamá.

Llegamos a Tecún Umán, la frontera de Guatemala y México, nos hospedamos en un motel. En ese momento ya éramos parte de un pequeño grupo de 8 personas queriendo llegar a los Estados Unidos. Nos hospedamos ahí por dos noches y cada uno de nosotros tenía un rol, por ejemplo, a mí me tocaba lavar los platos. Gracias a Dios que no me tocaba cocinar o hubiese envenenado a todos. ¡Es una broma!

La última noche en la que estaba lavando los platos estaba súper oscuro, cuando de repente don José, un señor de unos 40 años aproximadamente, quien era nuestro coyote, me empezó a abrazar y a besar en el cuello. Yo empecé a gritar y a pegarle. Grité para que mis hermanos salieran del dormitorio y don José se congeló al ver que yo me estaba defendiendo. Todos salieron de sus dormitorios y don José estaba con mucha vergüenza y pidió muchas disculpas. Tristemente explicó que lo que él hizo había sido muy normal, pues muchas chicas que vienen en estos viajes básicamente establecen relaciones sexuales con los coyotes y, si no lo hacen, son violadas o asesinadas. Desde ese momento don José nos protegió en todo el camino.

A la noche siguiente emprendimos nuestro embarque hacia México, cruzaríamos el primer río en una balsa. Con mucho miedo logramos cruzar la frontera entre Guatemala y México y empezamos la caminata por horas y horas sin descansar. Todo estaba tan oscuro, las únicas luces eran las de las estrellas.

Llegó un momento, mientras caminábamos en la que parecía un laberinto sin salida, tristemente no nos dimos cuenta que habíamos perdido a dos compañeros, podrían haber sido nuestros abuelitos. Don José dijo que no podíamos regresar a buscarlos, que lastimosamente esos señores se perdieron.

Todos quedamos congelados y no fue por las bajas temperaturas sino al escuchar esta noticia. Eso nos hizo entender que nos teníamos que poner las pilas o también nos quedaríamos abandonados en algún lugar de esas montañas de México.

Caminamos por horas y horas bajo temperaturas muy bajas; teníamos frío, teníamos hambre, pero no podíamos parar, no sabíamos hacia dónde nos dirigíamos, solamente hacíamos lo que don José nos decía y cuando la luz del sol salía nos teníamos que esconder. A este punto nuestra preocupación no era que los oficiales de inmigración de Estados Unidos nos pudieran capturar; no estábamos ni siquiera cerca de los Estados Unidos; sino que los mexicanos nos hicieran daño.

Las horas pasaban, los días pasaban y la caminata no terminaba; mientras tanto dormíamos en el suelo, buscábamos cajas de cartón para convertirlas en nuestras camas. Con suerte encontrábamos alguna roca para hacerla nuestra almohada y, si teníamos suerte, encontrábamos un pedazo de plástico y lo convertíamos en nuestra sábana o colchita, como decimos en El Salvador. Finalmente llegamos al lugar que todos temíamos: ¡nadar en el río! El agua estaba heladísima. Tuvimos que dejar nuestra ropa y cruzar el río en ropa interior, lo cual fue un momento vergonzoso para nosotros. La corriente era fuerte a tal grado que en un momento casi perdimos a mi hermanito. Gracias a Dios, dos ángeles: Will y Marcos, eran dos niños de 17 y 16 años al igual que nosotros, logramos cruzar y no perecer en el río.

Mientras tanto, don José no nos dejó morir de hambre, no sabemos cómo le hacía para conseguir, aunque fuera tortillas. Por fin llegó el momento en que paramos de caminar y nos reunimos con un grupo de otros cuarenta inmigrantes con un coyote diferente. Ahora éramos cuarenta y ocho inmigrantes.

Todo se volvió más dificultoso para nosotros y para los coyotes también, por ejemplo: conseguir comida para cuarenta y ocho personas y cuidar de no perderlas en esas montañas; tratar con las actitudes positivas y la mayoría del tiempo, actitudes negativas de 48 personas; escuchar los reclamos y, lo más terrible de todo, escuchar cantar en a capela a 48 personas.

A pesar de las tribulaciones siempre había una manera de divertirse y todos siempre teníamos la ilusión y la esperanza de llegar a los Estados Unidos, vivitos y coleando, como decía mi adorada abuelita Carmen, quien fue un gran pilar en mi vida.

Llegó el momento en que finalmente ya no teníamos que caminar: los coyotes trajeron un camión súper grande en el cual cabíamos todos sentados, estábamos contentos de ir en un vehículo, pero nadie nos anticipó que iríamos sentados como sardinas enlatadas y que aguantaríamos hambre por muchos días. Las piernas y nuestras espaldas nos dolían. Todo nos dolía.

Mis hermanos y yo éramos los más jóvenes del grupo, ni siquiera puedo imaginar cómo se sentían las otras personas sentadas por días en esa posición. El viaje era largo, pero nos tuvimos que acostumbrar, lo peor de la situación eran los malos olores; algunas personas sudaban y otras, ni les comento, ¡ya se imaginan! Lo mejor de todo era que estábamos vivos, hasta que tuvimos un accidente. Gracias a Dios nadie salió golpeado, el camión tuvo que estar varado por unos 5 días, lo que significó que allí mismo teníamos que dormir. Don José y el otro coyote lograron encontrar un lugar cerca del río y, a esas horas de la madrugada, acampamos como los Boy Scouts, lo único es que no teníamos ningún tipo de herramienta, ni casa de campañas, pero ni modo, así nos instalamos en el hotel "sin cielo". Estábamos a la intemperie.

Nunca olvidaré nuestra primera noche ahí: miré hacia el cielo y estaba lleno de estrellas y recuerdo haber dicho: Diosito por favor sácanos de acá y llévanos hasta el destino final.

Finalmente llegamos a la frontera de Tijuana, fue una odisea querernos cruzar, los oficiales de inmigración conducían sus cuatrimotos a velocidades rápidas para podernos capturar. Eran las 3 de la mañana y nosotros queriendo cruzar la frontera.

Hacía mucho frío y teníamos mucha hambre. Tratamos infinitas veces de subir la montaña, algunas veces lo logramos, pero muchas otras tuvimos que bajarla rodando porque si no los oficiales de inmigración nos arrestarían. La noche era muy larga, había personas de todos los países y de todas las edades; mis hermanos y yo éramos de los más pequeñitos. Nosotros éramos el grupo de 8, los oficiales de inmigración estaban determinados a capturar personas esa noche al igual que todas las noches; los dos coyotes decidieron jugar a cara y a corona. Íbamos a determinar quién era el grupo que iba a caminar primero, supuestamente al grupo que avanzara primero sería al que capturarían.

Lastimosamente nosotros perdimos y fuimos los primeros en emprender camino. El equipo de 40 se quedó atrás; la idea era que nos capturaran a nosotros 8 y los otros 40 podieran pasar, pero Dios tenía otros planes y logramos pasar toda la frontera, tristemente el grupo de 40 fue capturado. Mientras tanto nosotros éramos perseguidos por un helicóptero, tenía una luz brillante y gigante sobre nosotros mientras corríamos como locos hacia el highway.

Yo estaba tan cansada que ni las vidas de mis hermanos me importaban ya, quise desmayarme muchas veces. Me dolían mis pies, ya no podía ni caminar. Pero en el camino, mi ángel Will me llevaba en sus hombros y me decía: «No te puedes quedar Yese, ya casi llegamos. Ándale, tus hermanos están adelante de nosotros, ¡vamos amiga!» Finalmente abrí mis ojos, tomé muchas fuerzas para empezar a correr otra vez y logré ver los rótulos en verde y blanco y pude ver que ya casi llegábamos a cruzar el highway. Finalmente lo cruzamos y nos metimos debajo de un puente asquerosísimo, lleno de ratas y quién sabe qué más, teníamos mucho frío y mucha hambre, pero lo mejor de todo es que ya estábamos en los Estados Unidos de Norteamérica.

Y así fue el comienzo de nuestro gran sueño americano.

Adriana García

**La Búsqueda Ardua de tu Propósito
Aceptación-Perdón-Servicio**

Adriana García

De Bogotá, Colombia. Graduada de City College, NY, (CUNY). Me gradué de Sum Cum Laude en 1989. Completé mi maestría en Teacher's College, Columbia Univerisity. Tambien orgullosa de mis dos hijos universitarios.

Educadora por 10 años en el CUNY. Además, he sido consultora y entrenadora de organizaciones sin fines de lucro.

Nominada como coordinadora de servicios desde 1992, he trabajado con YAI (Young Adult Institute), and Care Design NY agencias sin fines de lucro (2018). Trabajo desde el 2015 en la elaboración de presupuestos Autodirigidos en NY para personas con discapacidades del desarrollo. He expuesto en talleres, conferencias y paneles sobre Educación Especial y recursos gubernamentales para los discapacitados. Tengo distinciones por el condado de Suffolk por el servicio a la comunidad.

Considero un privilegio y un honor servir a familias e individuos. No hay nada que realmente ame más que despertarme lista para equipar y facilitar a otros a alcanzar sus sueños abriendo puertas de oportunidades; enseñar acerca de los recursos financieros del gobierno y agencias sin fines de lucro. Estoy aquí para ser tu mejor aliado y otro brazo de apoyo en tu círculo de influencia.

¡Tu éxito es el mío!
https://www.facebook.com/sbdcadriana.club

Adriana García

Mi proceso de Oruga a Mariposa

La Búsqueda Ardua de tu Propósito
Aceptación-Perdón-Servicio

Adriana García

Abro mis ojos, es tiempo de despertar. A mi derecha los ronquidos de mi tío en sus 20's, pareciera arrullar a los huéspedes de la cama del frente: la abuelita y la tía que, en sincronía, cambian de posición y continúan durmiendo. Yo emocionada que ya solo quedan 2 días para mi «quinceañera».

Trato de sacar mis piernas dentro de los barrotes de madera de la cuna que tengo desde bebé, ha sido mi campo de reposo, cuarto de juego y retiro de castigo. Desencajo mis piernas con cuidado para no quedar trabada y salto suavemente para salir de ella sin despertar a mis compañeros de dormitorio.

Corro deprisa a desayunar y cojo un trozo de pan con agua de panela, no me ducho en la mañana porque el agua está fría en La Sabana de Bogotá. Les comparto un secreto, el mejor tiempo para deleitarse de una ducha en La Sabana es en la tardecita cuando el sol ha subido en la cordillera y el calor del medio día derrite la capa de hielo que engolfa el tanque de agua.

Son 20 minutos de camino a la escuela. El bus escolar es para los perezosos, el ejercicio hace bien y le ayuda a crecer, decía mi abuelita. Yo de intrépida, como siempre, escogí un atajo y calladita como un ratón escalaba y saltaba la pared del jardín adyacente a nuestro jardín donde se encontraba el campo de fútbol del colegio. Ahí estaba el ejercicio de la mañana: escalar, brincar y correr para no ser descubierta ni por familiares ni rectores. En 7 minutos estoy de primera en la fila y eso marcaba el tiempo de ponerme el sombrero de niña privilegiada. Pues no hay necesidad de dejar saber al mundo que solo agua de panela se sirvió de cena; que estoy esperando al calor del sol para tibiar el agua de la ducha; que mi lecho aun casi de quinceañera sigue siendo la cuna desde que nací; que los zapatos muchas veces son prestados y que el champo es solo para el domingo y el jaboncito hace bien para el cabello, decía la abuelita.

Disfruté mi libertad que muchos niños privilegiados no la tenían, yo jugaba en las calles con los varones, trepaba árboles y construcciones, era el arquero del equipo de los varones, jugaba con maras o canicas y también con tapas de botellas de refresco y cerveza que estratégicamente se balanceaban con relleno de cascara de banana o naranja para hacerlas deslizar en la orilla del andén en la competencia de los chicos del barrio o quizá escogíamos competir tirándonos a botes potrero abajo y montaña abajo o creando nuestras patinetas calle abajo. Cada día me recalcaban: eres una niña, te debería dar pena, esos son juegos de niños.

Mi mamá no lo veía, ya que ella salía a las 4 de la mañana a trabajar. La pobre llegaba y solo quejas recibía; y ay de mí sí tuvo un día malo en el trabajo, cuando yo escuchaba: te voy a dar lo que te mereces, corría más rápido que Speedy González esquivando la chancleta, la escoba, el zapato y el cinturón. Aprendí a predecir el momento y, antes de ser agarrada, ya estaba con la vecina. Al llegar la noche regresaba a casa y se me recordaba lo privilegiada que era:

Recuerda que estás en un colegio de alta alcurnia y que si te ganaste la beca es porque tu cabeza no está hueca. En mi mente pensaba: puedo ser hábil en la calle, tener fibra deportiva e inteligencia académica, ¿por qué tengo que ser como los demás? Mi inhabilidad al conformismo y llenar las expectativas de otros siempre fue y será mi gran reto.

Dicen que era un privilegio ser educado en esa entidad educativa, pero la verdad es que más que aprender academia, aprendí que yo parecía mosco en leche. Empecé a cuestionar mi familia y mi estilo de vida y por qué mis entornos parecían sufrir un golpe de carencia, injusticia y disparidad. Mi mundo era tan diferente a las niñas del colegio. La diferencia era del cielo a la tierra y el reto era cómo reconciliar y explicar el camino para unir a los dos.

La emoción de mi quinceañera se desfalleció y se convirtió en una pesadilla. Las niñas en el colegio hablaban de la fiesta con vestido espectacular y con bombones, orquesta a lo vivo y flores en salones exclusivos van a celebrar; y ¿ahora qué voy a decir yo? ¿Qué tan espectacular será la mía? Y como decía el Chapulín Colorado, quién podrá defenderme. En ese momento me volví como ellas, a vivir un mundo de pretender por el temor al qué dirán y contestaré:

Oh, mi papá –a quien todavía no conocía– me compró un viaje a los Estados Unidos.

Un mundo de competencia de marcas y de colección de fútiles pertenencias, donde se vive para dejar la quijada de los otros caer al suelo sin importar si en verdad eso era lo que en realidad mi alma se complacía

Mi espíritu se entristeció y mis lágrimas calentaron mi rostro al deslizarse calladamente dejando una huella más que en el rostro era más profunda en el alma. Una nube pesada y gris de tristeza y desilusión me inundó. De pronto el despertar era un suplicio. Parecía que estuviese en un hueco sin gravedad donde se existía, pero solo flotaba sin rumbo.

La confusión, el miedo y la consternación me inundaban y galopaban incesantes a través del día; sin embargo, para el circo de la vida, en el exterior el payaso reía. La audiencia ajena al dolor que me consumía. Al abrir los ojos en la mañana me hubiese gustado despertar en el paraíso donde dicen que el alma está en paz y descansa. Lo pesado de solo abrir los ojos y hacer un acto más por enfrentar los retos del día donde parezco impotente pues las circunstancias no cambian.

Cuestioné todo y concluí que nací por accidente, fue un error.

Yo no pedí venir a este hoyo negro y planeé salir de ahí a mi modo. Pero mi intención no se dio, mi madre entró cuando iba a ingerir la leche con mezcla de mata ratas. Mi madre, ajena a todo, dijo al despedirse:

Recuerda que no vives para complacer a los demás. Camina con certeza sabiendo que eres creación única y en tus manos está ser feliz y construir tu futuro, tu mundo. Tus acciones marcan lo que vas a recibir en retorno.

Y entendí que la felicidad es así como el sol que su calor interno hace que irradie al exterior. ¿Cómo me puedo convertir en sol humano?

Esa tarde mi abuelita mencionó que los gringos vinieron de nuevo realizando un programa para niños. Ahí empezó mi camino diario de un fuego interno buscando arduamente con determinación y enfoque a encontrar la razón de mi existencia, la búsqueda de descubrir para qué fui creada; porque yo estaba segura que ese descubrimiento era la llave de oro para una vida de gozo, éxito y paz. Saber el propósito para lo que fui creada derrumbaría mis paradigmas erróneos que me llevaban a ver el vaso medio vacío, en lugar de medio lleno.

Ahí estaría la clave de la aceptación de mí misma y la habilidad de perdonarme a mí misma y dejar en el pasado la ofensa del prójimo. Ese reto diario es el que comenzó la transformación de visión, percepción y de valores del por qué abro los ojos en la mañana. Yo necesitaba un enfoque, una inspiración y cree mi moto diaria: "Hoy arduamente buscaré a propósito oportunidades para ser de bendición a otros".

Una vida con propósito es un rayo de luz que empodera, que capacita y que llena de posibilidades. Mi lema diario se volvió mi pasión, mi estilo de vida y el motivo de vivir. No hay nada más refrescante al alma y que trae contentamiento al corazón que el servir al prójimo. El rico; el pobre; el sabio; el imbécil; el joven; el viejo; el fuerte; el débil; el que ríe y el que llora y aun el que el lenguaje es una barrera; todos forman parte del circo de la vida donde la belleza de las rosas no deja de tener espinas.

Casi comenzando mi sexta década en este acto de la vida en la que he aprendido que es verdad que el dar es mejor que recibir. Nos mueve del egocentrismo y nos expande a empatizar con nuestro prójimo. Comprendí que todas las experiencias buenas y malas son la cartilla que me permitían entender mejor el dolor ajeno, la necesidad de otros y la lucha que tenemos de ser aceptados tal y como somos. El pretender, el compararnos con otros y querer agradar a los demás dejan vacíos y nos lleva a la desilusión de la vida y entristecimiento del alma; la vida no es color de rosas, está llena de montañas y valles. Es como un viaje en montaña rusa.

Pero esas experiencias son las que forman la enciclopedia de la vida con el solo propósito de bendecir a otros. Creo firmemente que el ser humano es una extensión del Creador, por lo tanto, se nos dio el privilegio de entrar a este hermoso parque de diversión. Si es verdad quizá tenemos preferencias que nos gustaría disfrutar y cuales no queremos montar.

Sin embargo, recordemos que todo lo que vivimos nos edifica y nos da un toque único de identificación con otros. Pues como me puedo identificar con los demás si el éxito y la derrota; el dolor y la enfermedad; la tristeza y la alegría; y el gozo y el luto lo he vivido en carne propia.

Creo que nada es coincidencia en el diario vivir sino cada encuentro con alguien, cada sonrisa compartida, cada saludo y cada conversación son una orquesta de encuentros divinos que nos da la oportunidad de impactar la vida de otros. Tenemos que concientizarnos que el solo pasa por el lado del prójimo, emite la energía de tu alma e irradia la luz de tu corazón. He tenido el privilegio por 30 años de servir y crecer en agradecimiento al ver el dolor y la lucha de las familias e individuos con discapacidades. No puedo resolverles todos los dilemas y retos. A través de una sonrisa genuina, saludo de corazón y la mejor disposición de servicio, sé que cada acción mía deja rayo de luz de consuelo y esperanza, más una huella de servicio con amor.

Como luces guapo o feo, quién eres, tus retos, donde estés o lo que hagas, entretejen las fibras que forman la ruta de tu propósito. Lo que importa es que todos fuimos creados con un propósito. Y ese propósito es el que nos da la energía y la ganas de vivir. El que nos da entendimiento de la razón y alegría del amanecer. El que quita la pesadez del diario vivir. Y nos da la satisfacción de lo logrado en el día. A quien fui de bendición hoy, debe correr por nuestra mente antes de reposar la cabeza en la almohada. Mi propósito día a día es servir, ¿y el tuyo? ¡Así que para! ¡Reflexiona! Toma el reto y el tiempo para descubrir para qué te creó el Amado.

Blanca García Díaz

La Magia de la Transformación

Blanca Garcia Diaz

Economista peruana que forma parte del John Maxwell Team en Español, es conferencista internacional de la Asociación de Conferencistas Hispanos y Coach de vida certificada por la AIDCP.

Autora del libro "Descúbrete y Lánzate" y co autora de los best seller "Legado a la Humanidad en Tiempos de Pandemia", "Mujeres Que Inspiran: 25 Historia De Éxito" de la Cumbre Mundial de Mujeres y "Mi Proceso de Oruga a Mariposa " de la organización Flutterflies.

Es co fundadora de REVIVE Group LLC para servicios educativos y editoriales, así como creadora de la revista "Revive, El Negocio de Ser Tú".

A lo largo de su carrera, Blanca ha recibido diferentes premios y reconocimientos, entre ellos, "Líder Comunitario" por el condado de Nassau en New York, y la organización Flutterflies, "Excelencia en Educación Online" por los Premios Latinos FAMA 2020 de New York y Embajadora 2022 de la Cultura Peruana de la organización Sumaq.

En el año 2019, Blanca presidió la Cámara de Comercio del Perú en New York.

La última conferencia con Revive fue "Mujeres Emprendiendo en Tiempos de Pandemia" retornando así a los eventos presenciales. Esto les mereció el reconocimiento como empresa Líder y de contribución otorgado por el Asambleísta por el Estado de New York, Phillips Ramos.

www.revivecoachingschool.com
@editorialRevive - IG @blancagarciadiaz1

Blanca García Díaz

Mi proceso de Oruga a Mariposa

La Magia de la Transformación

Blanca García Díaz

Esa tarde del 31 de marzo de 2022 era de celebración, a pesar del frío intenso que hacía aquí en New York, estábamos mi familia y yo, en casa de los padres de mi esposo para celebrar el cumpleaños de mi suegro que cumplía 81 años de edad. Mi esposo Andrés y mi hija Andrea habían ido a traer la torta o el cake, como le llamamos aquí, para cantar el Happy BIrthday y apagar las velitas. Mi suegra y yo estábamos preparando la rica comida que cenaríamos en la celebración y el cumpleañero con mi hijo veían un programa de televisión. De pronto sonó mi teléfono y era una video llamada. La persona que estaba al otro lado me dijo una "palabra mágica" que transformaría mi vida por completo.

Desde adoslecente siempre me gustó observar las maravillas que hacían los magos con las cartas o con los sombreros de donde sacan conejos y pañuelos que nunca terminaban de salir. Me fascinaba también ver al mago David Copperfield y sus números de ilusionismo. Me parecía algo fuera de la realidad cómo una persona puede aparecer, desaparecer y volar. ¡Eso era magia!.

Recuerdo pensar y comparar todo lo que sucedía a mi alrededor con ese toque mágico que siempre me había llamado la atención y empecé a hacerme preguntas como las siguientes: ¿y qué pasaría si hago esto?, ¿qué aparecería en mi vida si tomo esta decisión? o ¿cómo sería mi hogar si me enamoro de este muchacho?.

Pronto la vida se encargaría de mostrarme más "magia" como por ejemplo ver ilusiones rotas con una palabra, el hogar de mis padres destruido con una infidelidad, una vida derrumbada por una adicción, una persona desaparecida peropor suicidio o una familia que ayer tenían un hogar, hoy ya no lo tenían porque el banco les quitó la casa por falta de pago de la hipoteca. Qué tipo de magia negra era esa, cómo sucedía de un día para otro, cómo era posible. Cuál era la pócima maligna que estaba envolviendo todo a mi alrededor. En ese momento no lo sabía. Pero también fui testigo de la "magia blanca" esa que nos sorprende, nos emociona y nos hace reir. He visto a madres que de la nada hacen aparecer un plato de comida en la mesa para sus hijos, a jóvenes de la calle que lograron ser abogados, a personas que se quedaron sin trabajo ganando más dinero creando sus propios productos y servicios o a un hombre guapo enamorarse de una persona discapacitada y aún así ser muy felices. Lo que entendí en ese tiempo es que la vida es un escenario y que los magos somos nosotros mismos, que no importa cómo tires las cartas, siempre obtendrás la que elegiste, que los pañuelos que salen del sombrero del mago son nuestro largo recorrido que nunca acaba y que el conejo de la suerte también puede aparecer en algún momento en nuestras vida.

La Magia Empieza a Suceder

Me formé en la carrera de Economía en Perú y ya en el último año debía hacer prácticas pre profesionales para optar mi diploma de Bachiller, en ese tiempo todos aspirábamos a realizar esas prácticas en grandes empresas o en algún prestigioso banco. Recuerdo que me acerqué a la oficina para ver dónde me tocaba hacerlas. Ya no había ninguna empresa o banco requiriendo a los estudiantes, todas las vacantes habían sido tomadas. Solo quedaba una muy singular que nadie quiso tomar por su naturaleza y que yo debía hacerlo porque era mi única opción. En las especificaciones sólo decía: "organización requiere estudiantes para apoyo en el área de mercadeo" osea marketing. Completé los requerimientos y me dieron las instrucciones siguientes: presentarse 8am, vestir jeans y zapatillas. Me llamó la atención, ya que normalmente un economista que iba a una empresa o a un banco debía ir de vestir, osea muy formal. A la mañana siguiente me presenté y antes de entrar a la oficina, un hombre vestido en forma casual, de tez trigueña y que portaba un maletín, me abordó y me dijo: Tú debes ser Blanca, te estaba esperando para llevarte a tus prácticas. Me sorprendí ya que normalmente nosotros nos presentábamos en la empresa que nos requería y no al revés. Bueno, verificado todo, salimos del edificio de la universidad hacia un garaje donde tenía su auto. En el camino le pregunté por el nombre de la organización y dónde quedaba. Somos Adra-Ofasa, una organización de la Iglesia Adventista me respondió. He llegado al Perú en una misión desde Ecuador y mi nombre es Pastor Chirinos, continuó diciendo. Te mostraré tu lugar de trabajo y tus funciones fueron sus palabras cuando me vi entre cerros en las afueras de Lima. Era posible que hubiera empresas en medio de los cerros, me pregunté. Hicimos la primera parada en una casa donde salió un hombre bajo y sonriente que nos daba la bienvenida, era un lugar lleno de sacos de trapos blancos. Era un abastecedor de material de limpieza para máquinas de imprenta. Luego paramos en otra casa donde en el patio había un horno de ladrillos muy grande, era un panadero. Más allá, en otra casa, estaban mujeres tejiendo. La persona que las contrataba vendía sus prendas a una exportadora de prendas de alpaca.

Luego nos dirigimos a un local abierto con pieles colgando, era un productor de zapatos y bolsos de cuero. En el camino un niño muy lindo y de mirada pícara se acercó al carro llamando al pastor. Tenía una caja con bolsitas de maní y coco que estaba yendo a vender. Más tarde conocería a su madre quien los preparaba en una olla vieja y sin asas, pero muy limpia.

Por fin llegamos a la "oficina" donde había estudiantes de otras universidades. Al fondo podía ver una cocina y personas preparando comida. Pensé, al menos nos van a dar el almuerzo. Nos habían reunido para ayudar a estas microempresas familiares que por falta de empleo en el Perú se habían convertido en sus propios generadores de ingresos, lo que llamaríamos emprendedores hoy en día, y la misión era educarlos en las áreas empresariales con la finalidad de que Adra-Ofasa les diera un préstamo a cero interés para invertir en su propio negocio pero inteligentemente, con conocimiento, haciéndose legalmente formales y pagando impuestos. Lo que empezó con sorpresa trajo a mi vida los cimientos de lo que me convertiría en mis próximos años, una emprendedora social que así como ellos, que buscaron en sus habilidades y en lo que poseían, las herramientas para generar su medio de vida, yo también busco en cada persona ayudarla a descubrir su máximo potencial a través de sus talentos propios y de lo que le apasiona hacer. Me preparé como Coach de Vida para entenderme primero a mí misma y luego a los demás.. Me convertí en una conferencista para que mil mensaje llegará con más fuerza y claridad. La magia existe, yo soy la maga, yo soy la que transforma mi vida. Pero ¿soy solamente yo? qué mueve todo, ¿cuál es el motor y la fuerza que hace posible lo imposible?.

Descubriendo la Caja del Mago

Somos creadores de nuestra realidad, dicen muchos libros de autoayuda. Pero acaso ¿hemos querido crear nuestro sufrimiento y nuestras desgracias?

Una vez escuchando un audiolibro "La Ligera Ventaja" de Jeff Olson, mi entendimiento encontró la luz a una nueva forma de ver la vida. Por fin comprendía cómo había creado mi realidad, cómo había sucedido esa magia negra o blanca que de niña y adolescente había observado. Desde ese momento me convertí en una eterna estudiante de información de vanguardia sobre desarrollo y crecimiento humano, descubriendo estudios increíbles que cada día dan forma a mi ser y a mi realidad.

Ahora sé de memoria lo que te comparto y que si lo haces parte de tu vida, te aseguro que como por arte de magia se transformará.

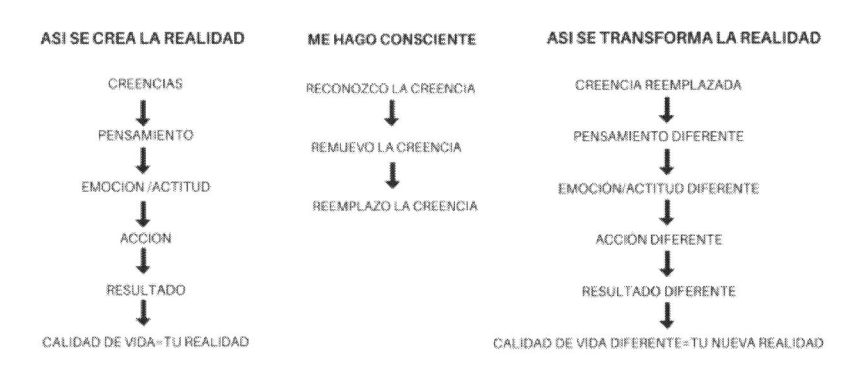

ASI SE CREA LA REALIDAD	ME HAGO CONSCIENTE	ASI SE TRANSFORMA LA REALIDAD
CREENCIAS	RECONOZCO LA CREENCIA	CREENCIA REEMPLAZADA
↓	↓	↓
PENSAMIENTO	REMUEVO LA CREENCIA	PENSAMIENTO DIFERENTE
↓	↓	↓
EMOCION/ACTITUD	REEMPLAZO LA CREENCIA	EMOCIÓN/ACTITUD DIFERENTE
↓		↓
ACCION		ACCIÓN DIFERENTE
↓		↓
RESULTADO		RESULTADO DIFERENTE
↓		↓
CALIDAD DE VIDA=TU REALIDAD		CALIDAD DE VIDA DIFERENTE=TU NUEVA REALIDAD

¿De dónde te llega el primer pensamiento ante una situación o circunstancia?

¿Qué se genera después de ese primer pensamiento?

Hemos creado esa realidad que no queremos en forma inconsciente porque somos movidos por nuestras creencias, paradigmas o forma de creer que es la vida osea de todo lo que vimos y aprendimos mientras creciamos y es así como hemos enfrentado toda situación o circunstancia desatando toda esa cadena. Pero una vez que nos hacemos conscientes, ante cualquier problema que se nos presenta nos detenemos y estamos dispuestos a cambiarlo todo porque queremos una nueva realidad. Este proceso no es fácil pero sí posible. Empieza teniendo claridad en la meta que te inspira, luego reconoce qué te está obstaculizando para lograrla, cuáles son las opciones que tienes para descifrar las oportunidades escondidas y por último toma acción para crear tu nueva realidad. Todo esto acompañado de esa conexión interior con tu fuerza superior, con tu Dios, a través de la meditación. El mago eres tú, pero la varita mágica la tiene Dios que sabe exactamente en qué momento sucederá la magia de tu transformación.

El Hechizo

A veces pienso que estoy hechizada, que la vida es sueño, como decía el dramaturgo español Calderón de la Barca, que despertaré de un momento a otro y que haber perdido a mis dos hermanos en la pandemia fue solo eso, un sueño. Pero al darme cuenta que no hay pócima que los despierte a ellos o a mí, todavía puedo entender dónde está la magia blanca en todo lo sucedido. La partida de Raúl y Miguel fue el inicio para comprender muchas cosas y el inicio de grandes cambios. La magia de la transformación siempre está presente en todo.

La Palabra Mágica

Ese frío día de marzo, en la celebración del cumpleaños de mi suegro, contesté la video llamada y era mi doctora primaria, quien con voz amable me dijo: Cómo estás, tengo los resultados de tu biopsia, has dado positivo y tienes cáncer. Escuchar esa palabra mágica lo cambió todo en mi vida en un abrir y cerrar de ojos, como por arte de magia, mi historia empezó a escribir nuevas páginas.

Hoy en estas líneas quiero decirte que la vida es maravillosa, que todo lo que sucede tiene un propósito superior aunque no lo entendamos en ese momento. Que Dios siempre está en control de todo, que no temas porque en los grandes retos descubrirás tus más grandes talentos y virtudes para que puedas sentirte realizado y además cumplas tu misión en esta vida. Recuerda que todo empieza con un pensamiento que en automático llega a tu mente, pero lo que sigue, lo decides tú.

Revive, Descúbrete y Lánzate porque la magia de la transformación está sucediendo ahora mismo en tu vida y en mi vida.

Mi proceso de Oruga a Mariposa

Jaime Hechtman-Ulloa

Transformando el Sentimiento de Ser Abandonado,
Ser amado

Jaime Hechtman-Ulloa

Es una organizadora comunitaria y visionaria, dedicada a educar, empoderar e involucrar a inmigrantes y mujeres. Alienta a las mujeres e inmigrantes a tener éxito en la promoción del cambio en sus vidas y comunidades. Empodera a los nuevos inmigrantes a medida que hacen la transición de su tierra natal a un mundo de nuevas oportunidades en Estados Unidos. Jaime tiene un corazón de un defensor, es bilingüe, habla inglés y español; y es activa políticamente.

Una estratega de campaña con años de experiencia: recluta, capacita y empodera al personal y a los voluntarios durante las campañas políticas para enseñar a inmigrantes y mujeres a que sus voces sean escuchadas a través de su voto. Jaime acompañó a candidatos presidenciales selectos en programas de televisión y eventos locales durante las elecciones del 2016. Además, participó en una mesa redonda organizada por un candidato presidencial y otros funcionarios electos a nivel federal, quienes presentaron a las comunidades minoritarias para reducir la reincidencia.

Jaime y su esposo, Sergio, han criado a tres hijos y tienen cuatro nietos. Recientemente, Jaime ha agregado el título de coautor a sus logros.

https://www.facebook.com/jaime.hechtmanulloa

Jaime Hechtman-Ulloa

Mi proceso de Oruga a Mariposa

Transformando el sentimiento de ser abandonado, ser amado

Jaime Hechtman-Ulloa

El 23 de marzo de 2018, lo único fuera de la rutina fue que mi tío Charlie necesitaba una cirugía cardíaca de rutina.

Le envié un mensaje de texto diciéndole que lo amaba. Que estaba en mis oraciones. Él respondió diciéndome que estaba agradecido por mis oraciones, que no le preocupaba el próximo paso o la cirugía. Que, además, el cirujano era uno de los mejores en el negocio.

Amén, respondí.

El domingo de Pascua, 1 de abril, recibí un mensaje de texto del tío Charlie, deseándome Felices Pascuas. Este texto me hizo sentir amada.

Cuando nací, los hermanos de mi madre eran jóvenes, así que yo era su muñeca. Los padres de mi madre me adoraban, su primera nieta. El abuelo Joe y la abuela Helen, católicos romanos, tuvieron 6 hijos, los últimos gemelos. Después de un incendio en su casa, el abuelo Joe y la abuela Helen se mudaron a Oakdale. Mis abuelos trabajaron duro para mantener a sus hijos. El juego de abuelo Joe causó tensión financiera en la familia y la Abuela no pudo pagar la atención médica cuando se enfermó.

Un recuerdo de la primera infancia fue que las luces de la ambulancia brillaban intensamente mientras llevaba a mi abuela al hospital. Estaba enojado, mi tío y su esposa, me sacaron de la casa de mis abuelos para protegerme. Mientras la abuela estaba en el hospital, mi mamá me llevaba a verla a través de una ventana en la puerta del hospital. La víspera de navidad, mi abuela falleció debido a cáncer de colon, con solo 58 años. La abuela vivió para ver casarse a sus dos hijas y a uno de sus 8 nietos. Recuerdo que el abuelo Joe me llevó al cementerio a visitar a la abuela. Solo tenía 4 años en ese momento, recuerdo haber tratado de secar las lágrimas que rodaban por la cara del abuelo Joe, haciendo que sus mejillas mojadas brillaran.

Las lágrimas todavía brotan de mis ojos, pensando en los ojos tristes de mi abuelo Joe. Abuelo Joe murió el siguiente Día de Acción de Gracias de un corazón roto, un paro cardiaco. Abandonada por mi abuelo Joe me hizo enojar. ¿Cómo pudo dejarme para ir al cielo para estar con mi abuela?

Durante muchos años, después de la muerte de mi abuelo Joe, mi vida se convirtió en una espiral que parecía una dimensión diferente. Los eventos establecidos en el movimiento por la muerte de mis abuelos alimentaron el monstruo que llevaba dentro, el sentimiento de abandono. Mi padre, Arthur, hijo de dos inmigrantes judíos, creció en Brooklyn. El abuelo Louis y Nana tuvieron 2 hijos, uno de ellos era mi padre. El abuelo Louis era zapatero en Brooklyn y Nana era ama de casa.

Mi padre se mudó a Oakdale a comprar una ferretería. Una fachada para los diversos tipos de juegos de azar de la mafia. El abuelo Joe tenía una adicción al juego, así que se hizo amigo de mi padre. Con solo 17 años, mi madre conoció a mi padre. Mis padres se enamoraron y se fugaron poco tiempo después de conocerse. Mi padre era un corredor de apuestas, judío de 22 años y mi madre una inocente adolescente católica. Ninguna familia aprobó el matrimonio. Nana, le declaró muerto a mi padre y no asistió a la boda. Es irónico que una mujer cuya familia escapó de la persecución religiosa en su tierra natal no aceptara que mi padre se casara con alguien fuera de la religión judía, un Shikster.

Mi abuelo Joe y mi abuela no dejaron testamento. Mamá era la hija mayor y se convirtió en la ejecutora de la pequeña propiedad. Mi padre, un hombre controlador narcisista, hizo un trato comercial que arruinó a mis tíos de su herencia, causando una ruptura en la familia. Este acto egoísta hizo que mi vida se hundiera más en un sentimiento de abandono. Las experiencias pasadas me hicieron sentir que nunca fui lo suficientemente buena, inteligente o aceptada por ninguna de las familias, el lado de mi madre sobre el dinero y el lado de mi padre sobre la religión.

Los hermanos de mi madre, el tío Charlie y tío Tom, ambos menores de edad cuando fallecieron mis abuelos, se mudaron con mi familia. El tío Charlie fue la única roca constante en mi vida. Cierra los ojos e imagina a esa persona en tu vida que siempre te ha hecho sentir amado y valorado. El tío Charlie era esa persona para mí. Siendo hija única, añoraba tener hermanos. El tío Charlie llenó ese vacío. Yo, teniendo 5 años, mi tío Charlie, un adolescente, siempre hacía tiempo para jugar conmigo. Tío Charlie se casó, a los 19 años y se mudó de la casa, dejándome con el sentimiento de haber sido abandonada nuevamente, ahora por él. Si cierro los ojos recuerdo al tío Charlie, su cara; las tonterías que hacía para hacerme reír, su risa profunda y resonante que se podía sentir en lo más profundo de mi alma. La enfermedad mental de mi padre progresó. Una pesadilla en la que viví a diario hasta que escapé a la universidad. Mi madre venía sola a visitarme al complejo. Pero al final del primer año, mamá trajo a mi padre a visitarme. Para ser honesta, cuando mis padres se fueron, me alegró ver que mi padre se iba y estaba enojada con mi madre por traerlo. Esa noche, mi madre me llamó para decirme que su familia retiraría sus pertenencias de la casa mientras me visitaban, esto me dejó abrumadoramente abandonada.

Mamá se fue a vivir en casa de mi tío y yo a vivir con mi padre hasta que mamá pudiera encontrarnos un hogar. Las lágrimas empaparon mi almohada, esa sensación de un puñetazo en el estómago, mi mente tratando de entender cómo podía estar pasando esto. El divorcio de mis padres tomó años. Años más tarde, mi madre me admitiría que mi padre abusó mental y físicamente de ella y trató de ocultarlo.

Atraída por el estilo de vida salvaje y fuera de la ley que vivían mi tía Mikey y su esposo, él era miembro de una pandilla de motociclistas, me mudé a California. Me convertí en la primera mujer en trabajar como técnica en la planta de tratamiento de aguas residuales de Indio. Las noticias locales llegaron y cubrieron el momento histórico; mi autoestima se elevó y me sentí como si estuviera en la cima del mundo. Sin embargo, ese sentimiento se interrumpió rápidamente, estaba embarazada. Llamé a casa con las "buenas noticias" y mamá lloró decepcionada y me dijo que llamara y le avisara a la familia.

Como les decía, las reacciones alimentaban el monstruo que había dentro de mí, abandonado por la falta de apoyo. A mi madre y mi tío Charlie no les importaban las circunstancias, amaban incondicionalmente a mi hija por nacer. Era madre soltera y me quedé sin trabajo por discapacidad. No había suficientes datos en ese momento sobre los efectos que podría tener en mi hija trabajar en una planta de tratamiento de aguas residuales. Sin poder mantenerse financieramente, me mudé a casa con mi madre. La percepción de ser juzgada por la mayoría de mi familia siempre estaba presente en mi mente. El amor y el apoyo constantes del tío Charlie me llevaron a pedirle que fuera para mi primera hija, el padrino de Carlye.

Cuando mi hija tenía tres años, Sergio entró en nuestra vida, venimos de mundos diferentes. Sin embargo, vivimos vidas paralelas. Nuestra dinámica familiar es notablemente similar. La familia de la madre de Sergio no aceptó a su padre porque era pobre y la familia de su padre no aceptó a su madre porque su piel era de color oliva más oscura. Sergio y yo tuvimos un hijo fuera del matrimonio: todo lo que pasa en Las Vegas no se queda ahí.

Después de un año de noviazgo nos fuimos a Las Vegas y nos arriesgamos al matrimonio. Sergio emigró a USA, para darle una mejor vida a su hijo, Javier. Javier vino a vivir con nosotros desde Ecuador. Nuestros hijos se criaron juntos en una familia disfuncional, pero amorosa. Las diferencias culturales nos llevaron a muchos conflictos en nuestro matrimonio. La orientación del tío Charlie me ayudaría a ver ambos lados de un conflicto.

Siete años de casados, fuimos bendecidos con una hermosa bebé, Gabriela. Le pedimos a la única pareja que nos mostró amor y apoyo incondicional que fueran los padrinos de Gabriela, el tío Charlie y la tía Noreen.

Mayo, una cirugía de corazón de rutina, sacudió mi mundo. ¿Cómo lo expresó el texto? "Gracias por las oraciones. No estoy preocupado por el próximo paso o la cirugía. El cirujano es uno de los mejores en el negocio". Un mes, tratando de luchar contra la voluntad de Dios, tratando de salvar al tío Charlie fracasó.

En el Día de la Madre, le pusieron el teléfono en la oreja a mi tío para que pudiera despedirme. Me sentí abandonado por él y Dios. ¡La única persona en mi vida que siempre me apoyó, me dejó atrás, en el Día de la Madre de todos los días! ¿Cómo podían confundir el Día de los Inocentes con el Día de la Madre? Gritaría en voz alta, despiértame de esta pesadilla, por favor di ¡APRIL FOOLS!

Se suponía que el tío Charlie bailaría en las bodas de mis nietos, la única persona que siempre estuvo ahí para mí, se había ido. Enojada, herida, abandonada, caí en una profunda depresión. Quién sabía que esos dos mensajes de texto serían los últimos que recibiría de mi tío Charlie.

Sergio estuvo a mi lado y me apoyó en todo. Después de que el tío Charlie hizo la transición al cielo, mi esposo, Sergio, comenzó a transformarse ante mis ojos, sentí su apoyo. Sergio, siempre creyó en mí, a menudo me decía: Eres una mujer increíble. (Bueno, cuando no discutíamos). Fue una pérdida desgarradora en mi vida para reconocer, Dios ya había puesto en su lugar. Mi sistema de apoyo. El tiempo me demostró que no estaba abandonada; Sergio me apoyaba.

Sergio y yo proveníamos de familias que percibíamos que nos rechazaban. El tiempo de Dios, la voluntad de Dios y el amor de Dios unió a dos marginados, bendiciéndolos reemplazando el sentimiento de abandono, con el sentimiento de ser amados. Todavía discutimos MUY FUERTE. Nuestras disputas son nuestra forma de comunicación, a veces hace que los demás se sientan incómodos, pero funciona para nosotros.

Los últimos cuatro años, nuestro matrimonio se ha fortalecido. Me siento amada y ya no me siento abandonada. Sergio es mi roca, mi amigo y guardián de mis secretos más profundos. Este sentimiento de ser amado me ha permitido seguir adelante y sentirme empoderada. Dios me ha demostrado que el tío Charlie no me abandonó, Dios nos había preparado a Sergio y a mí para crecer como pareja.

Jenniffer Martinez

Mi héroe se puso la capa y se fue volando, causando heridas en mí

Jenniffer C Martínez

Cuenta con un Asociado en Artes liberales del Nassau Community College. Reportera del Periódico Hispano Noticia en Long Island. Co-Presentadora del show radial 'Mujeres y Algo Más' en la emisora 1380 am todos los domingos.

Es defensora de la Vivienda para mujeres que sufren violencia doméstica en la organización Círculo de la Hispanidad.

Ha obtenido los siguientes reconocimientos en Long Island por ser reportera del periódico Noticia:

En el 2017, el asambleísta de El 6to distrito Phil Ramos reconoce mi trabajo para el periódico Noticia.

2017 reconocimiento por el ejecutivo de El Condado de Nassau Edward Mangano.

2017 reconocimiento por Hon, George Maragos County Controller.

2018 y 2019 reconocimiento recibido para la ejecutiva de El Condado de Nassau Laura Curran.

2021 reconocimiento de El Comité Cívico Argentino en Long Island.

Instagram: _jeluz

Jenniffer Martinez

Mi proceso de Oruga a Mariposa

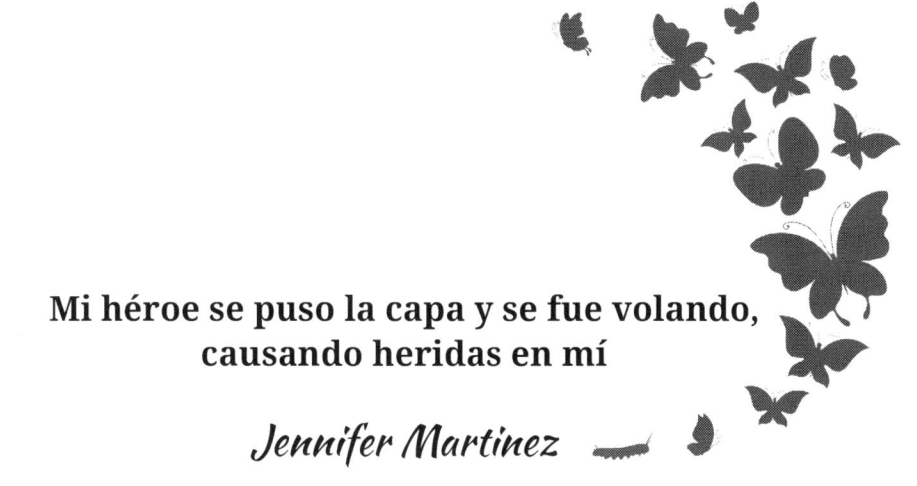

Mi héroe se puso la capa y se fue volando, causando heridas en mí

Jennifer Martinez

Caminar junto a mi padre era una experiencia espiritual. Soy la primera hija producto de la divinidad y creación de mis padres. Cuando era una niña mi papá me cargaba en sus hombros y yo me sentía que volaba junto a él. Caminábamos frente al mar Caribe, frente a esa vista única que solo el Atlántico nos puede brindar.

¡Todo era mágico! Nuestras caminatas eran por el malecón, allí mi padre me agarraba por las manitos y me contaba cuentos que llenaban mi vida. El olor a agua salobre era como una limpieza para mis sentidos; el sonido de las olas del mar era una terapia para mi alma.

Me cuenta mi padre que caminábamos hacía la estatua de Montesinos y allí recogíamos almendras, buscábamos una piedra y la partíamos en dos… Sorpresa para mi madre, por qué llegábamos a casa con la ropa manchada por la cáscara de almendras.

Te cuento todo esto para hacerte saber que yo era una niña muy feliz. Me sentía amada y protegida por mis padres, a pesar de que nuestra casa era de madera y con techo de zinc. Sin embargo, estaba llena de amor y sueños.

En medio de la pobreza, que en ese tiempo de niñez yo no entendía por qué, para mí todo era felicidad y alegría. Un día, mi héroe decide ponerse su capa y volar hacia los Estados Unidos con el fin de ofrecerme una mejor vida, sin saber que partiría mi corazón en mil pedazos.

Desde los cuatro añitos yo comencé a sentir las heridas del rechazo y el abandono. Mis padres me dicen que cuando era pequeña yo escuchaba música de Michael Jackson e inmediatamente empezaba a bailar como él. Una vez que mi papá emigró a Miami, Florida, yo comencé a ser una niña muy desobediente, pero sobre todo triste, porque en el fondo de mi corazón lo único que quería era que mi héroe regresara para que me subiera en sus hombros y fuéramos a caminar frente al mar.

Reitero que mi papá nunca me quiso abandonar o rechazar, más bien, dentro de sus conocimientos hizo lo que pudo por darme la vida que ahora tengo y se lo agradezco.

Mi madre se convirtió en una guerrera de la vida, luchó por cuidarse ella y a dos niñas, o sea, tres mujeres indefensas. Ella era muy joven cuando quedó sola a la edad de 25 años, con mi hermanita de 6 meses de nacida y yo de cuatro añitos.

Como les dije antes, toda la vida me ha gustado bailar. Muchas veces le pregunté a mis padres cómo me crearon. Más allá de que fue a través de un acto sexual, yo siempre quise saber más detalles, y cuenta la historia que ellos se fueron a bailar con "el Mayimbe" Fernando Villalona un 31 de diciembre y después de esa memorable fiesta nací justamente a los 9 meses, un 18 de septiembre. Soy fiestera y rumbera como buena caribeña, soy muy apasionada de la vida. Me gusta conocer personas y que me cuenten sus historias para yo enviarlas al mundo. Sin embargo, todas estas características las fui descubriendo cuando empecé a sanar mis heridas.

Ya más grande, mi padre empezó a trabajar en los Estados Unidos y nuestra vida comenzó a cambiar para bien y para mal. Para bien porque nos mudamos a un vecindario donde las casas eran más bonitas y ya por fin teníamos un techo seguro de block; para mal porque los vecinos eran familias completas: en el núcleo familiar estaban mamá y papá junto a los hijos, situación que provocaba dolor en mí. Yo solo quería ver a mi papá en casa junto a nosotros.

Recuerdo que mi madre puso un salón de belleza para ella ayudarse en los días que papi no podía enviar dinero a casa. Mi papá estuvo unos 5 años indocumentado en los Estados Unidos y no todo el tiempo tenía trabajo estable. Mami, como una guerrera incansable, hacía pelos y uñas. Recuerdo muy bien que yo solo quería hablar por el micrófono. Cuando llegaban las vecinas a hacerse el pelo yo agarraba los cepillos del salón y comenzaba a entrevistar a las clientas una por una con temas actuales de aquella época.

A pesar de tener muy claro que quería ser periodista, tenía dos heridas en lo más profundo de mi alma que no me dejaban ser yo, porque sentía rechazo y abandono por parte de las demás personas. Al irse mi héroe yo sentía que todo aquel que llegara a mi vida haría lo mismo, que cuando más contenta yo estaba se iban a ir y me iban a abandonar, sea quien sea.

De acuerdo a la autora Lise Bourbeau, hay 5 heridas que impiden al ser humano ser uno mismo. Estas son: rechazo, abandono, humillación, traición e injusticia. A mí toda la vida me marcaron el rechazo y el abandono. Mi héroe se fue en busca de un mejor futuro y me dejó con mamá. Pero yo en mi más allá, muy dentro de mí, no entendía, solo sentía tristeza.

Yo fui una niña acomplejada por mi estatura, mido 5' 11, era estirada y flaquísima. Para hacerlo peor, mis compañeros de la escuela me ponían sobrenombres como Oliva o Jirafa, todos nombres de personas, objetos o animales flacos y estirados. Siempre mis amigas me decían: "Muévete, eres muy alta"… Imagínense ustedes, yo con mis heridas de rechazo y abandono en el corazón. "La persona que se siente rechazada no es objetiva, ya que interpreta lo que sucede a su alrededor así, a través de filtros de su herida y se siente rechazada, aun cuando no lo sea" explica Bourbeau en su libro.

Yo lloraba por cualquier cosa. Al mi padre emigrar, yo sentí un fuerte dolor en mi corazón. Sentí que me abandonó, y ahí fue que se abrió la herida de abandono en mi corazón. Las personas con esta herida son dependientes y lloran con facilidad. Antes yo era María Magdalena, lloraba por todo y por nada.

Y para añadir más a la historia, cuando mi padre logra conseguir su visa o Green Card, cada vez que viajaba a mi país, República Dominicana, y tenía que regresar a Nueva York, era como si alguien hubiera muerto: ahí entraba yo en depresión.

Me volví adicta a la aprobación, buscando ser aceptada por los demás. ¡Grave error! Creé en mi mente muchos pensamientos negativos, producto de la tristeza que había dentro de mi corazón.

Quizás me dirás que lo que yo he vivido no es nada, pero la partida de mi padre me dolió mucho. Siempre me sentí desprotegida, sentí que me faltaba algo.

Mi proceso de Oruga a Mariposa

Dentro de mi proceso y a medida que fui creciendo sufrí mucho. Siempre escogí ciegamente amistades y relaciones que me abandonaron y rechazaron.

Viendo que durante los años repetía la misma conducta, decidí buscar ayuda a través de terapias, y gracias a lecturas motivacionales fui sanando mis heridas. Recién ahora entiendo que yo tenía que pasar por ese proceso para que mi propósito de vida se cumpliera en mí.

Ahora te explico cómo pasé de oruga a mariposa. Me gusta leer libros de motivación personal. Y así he ido creciendo y sanando mis heridas de rechazo y abandono, porque entendí que la única persona responsable de sanar soy yo. Así perdoné a mi papá por emigrar y dejarme.

He sido muy atrevida. He tocado puertas, algunas se me han cerrado y otras se han abierto. He aprendido a entender que el universo siempre me dice que sí, y por eso tengo mucho cuidado de qué historia me cuento. Ahora busco reemplazar los pensamientos negativos por pensamientos positivos. Entiendo que la vida es como una montaña rusa: a veces estamos abajo y otras veces arriba, y que lo que yo me proponga lo voy a lograr. Ahora mi vocabulario ha cambiado, ahora digo palabras de afirmación que solo me ayuden a vibrar alto.

Mi sueño siempre ha sido ser periodista. Hoy en día llevo 6 años en el periódico "Noticia" de Long Island, el cual me ha abierto muchas puertas.

Seguiré preparándome porque en un futuro tocaré otras puertas. He cometido errores, pero esos fracasos son los que me han permitido practicar y educarme más.

Quiero decirte que yo no sé qué es lo que tú siempre has soñado o si ya encontraste tu propósito en esta vida. Solo quiero que sepas que tú naciste para brillar y ser co-creadora de la vida que tú te mereces. Amiga, llegó tu tiempo. Leyendo el libro El Arte de no quedarte con las ganas aprendí que para encontrar tu propósito solo debes pensar qué era eso lo que te gustaba hacer cuando eras una niña y qué es para lo que la gente te busca siempre. En tus respuestas encontrarás tu propósito.

En el libro La Mujer de Mis Sueños de Luz María Doria aprendí lo siguiente: "El fracaso es mejor consejero que el éxito. En esos momentos en que dudas si vas a llegar a la meta es cuando más tienes que aferrarte a tu sueño". Fueron muchas las veces que salí corriendo tan solo por tener pensamientos de derrota en mi mente. Fui muy dura conmigo misma.

Entendí que el enemigo número uno era mi propia mente, creé barreras que no existían. Hoy en día soy co-presentadora en una emisora de radio, pero para yo alcanzar mis sueños tuve que luchar por ellos. Sentada en mi casa no los voy alcanzar. Ya no siento miedo por el rechazo y tampoco ando con miedo de ser abandonada. Mi vida antes era como una piñata que todos golpeaban y tiraban. Hoy yo soy una piñata llena de colores que trae alegría a las fiestas, llena de dulces y muchas cosas bonitas para regalar al mundo.

Soy libre, ya sané mis heridas. Hoy soy una abeja afanosa con la tarea de sembrar la luz en los espíritus y construir el castillo de la verdad en los campos vírgenes de la conciencia y el alma humana. No olvides que el poder está dentro de ti.

Gelin Gabriela Meneses

Soy Gelin Meneses

Gelin Meneses

Derma cosmetic Massage therapy, Esthetician license and Laser technician.

Gelin Meneses es una mujer inmigrante que ha sabido tomar los obstáculos que se le han presentado en el camino como un arma para poder ser fuerte, emprendedora, con el propósito de tener una vida mejor para su familia y para ella.

Aunque la vida no ha sido fácil, ella ha sabido salir adelante exhortando a los demás a que todo en la vida es posible y que los sueños hay que trabajarlos para lograrlos.

Ha estado presente en los premios Billboard, recibió este año el premio de Empresaria del Año en Telemundo 2022 y Empresaria y Reina de los Premios Latinos 2022.

Instagram @gelinmeneses

Gelin Meneses

Mi proceso de Oruga a Mariposa

Soy Gelin Meneses

Gelin Meneses

Soy Gelin Meneses; estoy agradecida con la oportunidad de poder compartir mi historia, espero que pueda inspirarte a seguir adelante y hacer una persona exitosa próspera y bendecida.

La historia de una inmigrante hondureña que cruzó la frontera y vino a este país. Tenía que tomar una decisión. Fue la más difícil del mundo dejar a mi bebe de un año para venir a trabajar. Siendo adolescente, sin estudios, sin trabajo no quedaba otra opción que venir a trabajar, lo único que tenía que saber era que mi hijo necesitaba alimentarse y que, lastimosamente perdí mi negocio por las pandillas en mi país. Me quitaron el único sustento para mi bebé. Así que me tocó tomar una muy triste y dura decisión. Aún me dan ganas de llorar cada vez que recuerdo ese día que tuve que despedirme de mi hijo.

Me arme de valor y me aventure en un largo viaje. Caminé durante días, en los cuales tuve muchas cosas que aguantar: hambre, sed, e incluso vi a personas morir. En esos momentos solo le pedía a Dios que me salvara.

Él escuchó mis oraciones y me salvó.

Llegué a Estados Unidos un 5 de julio; aún recuerdo ese día porque en la madrugada del 4 de julio estaban las luces y esa fue mi bienvenida a este hermoso país. Fue dura la travesía pero llegué.

Me tocó caminar durante 4 días en un desierto.

Nos perdimos y tuve que entregarme a migración. Estuve unos días detenida. Sintiendo tanta tristeza y angustia porque te tratan como un criminal, cuando lo único que deseas es darle un plato de comida a tu hijo de un año. A veces no sabemos la necesidad de cada persona, ni lo mucho que arriesgan su vida para poder alimentar a otros. A veces no hay opciones y te toca tomar las más duras para poder cuidar de los tuyos. En mi caso decidí venirme sola porque no sabía los obstáculos que tenía que pasar. Si me tocaba perder mi vida, lo haría, pero nunca hubiese podido arriesgar la vida de mi pequeño. Tuve suerte ya que estuve muy poco tiempo detenida. Cuando venía en camino a NY, pensé en vivir en algún de esos edificios altos. Es lo que la mayoría pensamos al ver esta hermosa ciudad, pero llegué a un pueblo tranquilo en Long Island.

Llegando aquí me recibieron dos primas y ahí empezó mi nueva etapa de vida. Como muchos saben este país es duro y hay que comenzar a trabajar. En mi caso para pagar un abogado y el sustento de mi bebé. Comencé de mesera y era muy duro porque mis piernas aún estaban hinchadas de la travesía. Perdí mis uñas de tantos pasos que di, las piernas me ardían por estar de pie. Pero bueno, al pasar los días el dolor físico mejoró, pero el dolor en mi corazón y la falta de mi bebé no sanó.

Trabajé 16 horas diarias porque tenía una meta y esa era regresar con mi pequeño, ya que nunca lo arriesgaría a esa travesía solo. Dormía primero en una pequeña cama que agradezco mucho porque me ayudó a descansar. No sabes que tan importante es una cama cuando no tienes nada. Tenía que trabajar para lo mío. Eso me enseñó a valorar y agradecer cada día lo poco o mucho que tengo. Una cama calentita es un regalo y agradezco a Dios cada día por eso.

Luego me tocó moverme de lugar y de vivienda. Alquile un cuarto y dormía encima de mis bolsas de ropa. Pues, no tenía cama. Ese lugar era horrible, lo recuerdo oscuro. Sufrí de abusos y de una violación. Al no saber el inglés y no conocer a nadie, no denuncie. Después, más adelante me pude mudar, gracias a Dios porque él nunca nos deja y pone ángeles a nuestro alrededor. Ahí compraría mi primera cama. Era tan costosa que nunca imaginé tener un juego de cuarto, pero tenía un colchón y eso me hacía feliz. Estaba a salvo y podía descansar. No me quejo, ¡de lo malo aprendes! En el lugar donde viví pague cable y no tenía televisor. Creo que pagaba hasta por ir al baño, era tanto así que si tenía visita también tenía que pagar por eso. Pero este país no se trata ni de malos ni buenos, se trata que es difícil al propio, qué hay lágrimas y mucho esfuerzo detrás de cada uno. También se trata de ser fuerte porque si no se aprovechan de ti.

La noche del 31 de diciembre yo estaba trabajando y todos se dieron un abrazo. Las familias festejaban y yo solo pude ir al baño a llorar por lo sola que me sentí al pasar el primer año sin mi hijo. Pensando si mi sacrificio valía la pena.

El tiempo pasó y pude moverme a un lugar un poco más tranquilo. Seguí trabajando para pagar mis deudas y fijarme en mis metas. Al poco tiempo, con mucho esfuerzo trabajando de martes a domingo, 14 horas diarias, sabía que podía regresar pronto. Tuve ángeles que cuidaron de mí, nunca estuve sola. También tuve varios trabajos y así pasó el tiempo hasta que un día conocí a una persona que se convertiría en el padre de mi segundo hijo. Al principio yo no quería contacto con nadie, mucho menos una relación, pero la situación se dio y así fue como comencé una relación con el padre de mi segundo hijo.

Al principio todo marchó muy bien. Me enamoró con sus detalles y, al pasar del tiempo, nos fuimos a vivir juntos. Seguido me embaracé y ahí comenzó una nueva aventura de mi vida. Tuve que dejar mi trabajo por problemas en el embarazo con diabetes y preclamsia, aparte con un embarazo de alto riesgo por mis problemas de tiroides. Entraba y salía del hospital. Aparte no podía trabajar, ya que no podía estar de pie por mucho tiempo. Al no tener un trabajo la situación económica se complicó. Él trabajaba hasta las 6:00 p.m. y en la casa no contábamos con cocina, así que me tocaba esperar a que él llegara para poder comer. El tiempo pasó y di a luz a mi hijo. Me tocó ir sola al hospital, ya que mi pareja estaba de viaje y no contaba con mi familia. Una amiga lejana, por suerte me llevó al hospital y recuerdo muy bien ese día porque lloré tanto ya que, aparte de la soledad que sentía sabía que tendría que ser muy fuerte ya que tenía dos motivos muy grandes para no dejarme vencer.

El tiempo pasó, recuerdo que mi esposo en ese tiempo me daba $45 a la semana. Ahorré y compré mi primer auto. Era muy feo pero no importaba. Era mío y lo amaba. Ya podía ir y venir para buscar un trabajo. Comencé a ir a la escuela 4 horas al día y trabajar un par de horas para poder ahorrar y viajar a California a sacar unas clases para ser una maquillista profesional. Mis estudios que, por cierto, no fueron fáciles, con el pasar el tiempo logré culminar con mucho esfuerzo la escuela, pero no tenía trabajo. Entonces comencé a cuidar ancianos. Sin embargo, la vida tenía preparada una nueva aventura para mí. Trabajaba 4 horas al día. Cuidaba de una señora en el tiempo que mi hijo estaba en un day care y los sábados los ocupaba para realizar trabajos por mi propia cuenta. No fue fácil pero tenía mis metas.

Empecé a ver cambios en mi pareja. En más de una ocasión mi pareja botaba mis libros de estudio, vendió mi carro para que yo no continuara estudiando. Sus celos se apoderaron de él. Me buscaba en la escuela, botaba mis productos. Me bloqueaba mi teléfono para que mis clientes no se comunicaran conmigo. Pasó el tiempo. Esperé porque no tenía los medios para mantenerme sola con mi hijo. Aparte me sentía muy vulnerable hasta que un día no aguante sus maltratos y tuve que llamar a la policía. Ahí terminó el maltrato y comencé a tomar el control de mi vida.

En esos días conocí a alguien que fue una luz, una guía espiritual. Hoy somos muy amigas. Ella me ayudó a darme cuenta lo valiosa y fuerte que podía ser. Eso ayudó en gran manera a sacar mi fuerza interna. Valorarme, a sanar cada momento de mi vida y a encontrarme.

Empecé a dejar a un lado los conflictos de mi vida tóxica, a cuidar de mí y de mis hijos. Me di cuenta que mis hijos necesitaban una madre sana y fuerte. Comencé a orar para que algún momento pudiese reencontrarme con mi pequeño en honduras y ser una gran madre para mis dos hijos.

Seguí trabajando en mis dos trabajos y estudiando. Conseguí otro auto y ahí comencé de nuevo. Comencé a maquillarme, arreglarme y me di cuenta que no era vanidad, sino amor propio. Atendía a mis clientes yendo de casa en casa con mis camillas, mis productos y maquillaje y me acompañaba mi fiel compañero, mi hijo. Si me preguntan, él ha sido mi mejor ayudante a pesar de su corta edad, se quedaba largas horas a esperar que culminara mi trabajo.

Pasaron los años. En el 2019, logré hacer uno de mis grandes sueños. En marzo de ese año pude ir a mi país a ver por primera vez, después de tantos años, a mi hijo. También, gracias a mi trabajo fui invitada a los premios Billard en abril. Me ayudó una amiga regalándome el boleto para que yo pudiese asistir a ese evento que cambió mi vida. Luego comencé a trabajar más duro. Me mudé a un mejor sitio.

En enero del 2020 puse un estudio en casa y pum… ¡Cayó la pandemia! Cómo todos, no sabía que hacer, caí en depresión de nuevo. Me tocó cerrar por tres meses. Lo ocupé en leer y a estudiar porque no podía permitir que el miedo me venciera, así que comencé a autoeducarme más, luego, poco a poco, comencé a tener más clientela en mis otras áreas de especialidad: pestañas, faciales, y el maquillaje.

Por motivos de COVID perdió su fuerza, así que ni modo, tuve que cambiar y poner prioridad en mi otra ocupación. También comencé de nuevo a ir de casa en casa porque tenía obligaciones y una meta. Logré, con una amiga, abrir nuestro primer estudio en septiembre y comencé con una camilla y con pocos clientes ya que la mayoría, por miedo al COVID, se ausentó. Pero poco a poco comencé teniendo más y más. Muchos nuevos llegaron y yo siempre di lo mejor de mí porque sé lo importante que significa sentirnos bien tanto por fuera como por dentro. Mi trabajo no es tanto superficial; me encargo de subir la autoestima y me comprometo al 100 con cada clienta cuando miran sus cambios.

También me siento feliz porque sé que es muy triste estar inconformes que a veces critican y no saben el desierto qué pasa esa persona y me gusta recuperar esa seguridad en cada una. Saqué mis clases de técnica láser en enero de 2021, ya tenía un estudio para mí sola, pero me tocaba viajar a los alrededores; iba a Connecticut, New Jersey, Albany, California, e incluso comencé a dar clases compartiendo mis conocimientos con los demás. En el 2022 logré inaugurar mi segundo lugar y continué mis estudios. Ahora soy feliz, me di cuenta que la felicidad viene de adentro, no la busco en otra persona y me siento linda, siempre con mi frase: no es vanidad... es amor propio.

# Gabriela Ulloa

En la Vida, Todos Tenemos Altibajos

Gabriela Ulloa

Gabriela se graduó recientemente con honores en el Suffolk County Community College con sus asociados en artes liberales, en tan solo tres semestres.

Nacida con una discapacidad de aprendizaje, Gabriela usó las herramientas que le dieron sus maestros de educación especial para superar los obstáculos académicos.

Actualmente está inscrita en la Universidad de Stony Brook trabajando en su Licenciatura en Psicología con especialización en inglés.

A Gabriela le apasiona ayudar a los demás y lo ha logrado con su último puesto trabajando en el campo de la aviación y como voluntaria en varias organizaciones diferentes.

En su tiempo libre, le encanta escribir poesía y contemplar el sentido de la vida.

Instagram: casuallygabriela

Gabriela Ulloa

Mi proceso de Oruga a Mariposa

En la vida, todos tenemos altibajos

Gabriela Ulloa

En la vida, todos tenemos altibajos. Pasamos con el conocimiento de que la vida no siempre es justa, pero hubo un momento en el que no pude pensar en nada positivo. La negatividad me absorbió como una esponja. Estaba en la oscuridad con la sensación de que no había salida. Nunca se lo desearía ni a mi peor enemigo, la sensación de no querer seguir viva, esperando potencialmente mi último aliento. Mi vida tiene algunas partes que nunca compartiré porque no quiero tomarme el tiempo para escribir sobre ellas y darles la atención que no merecen. Sin embargo, escribiré sobre una parte esencial de mi vida que me empujó hacia la depresión, las autolesiones y el deseo de acabar conmigo misma.

Esta es la historia de algunos eventos que contribuyeron a mi caída emocional. Al principio de mi vida, tenía una buena relación con mis hermanos; los amaba con todo mi corazón. Los cuidé. Tuve muchos momentos de cariño con ellos. Mi momento favorito fue cuando mi familia hizo un reto que consistía en quién perdería más peso al final de un período de tiempo específico. El dinero estaba en juego, por lo que cada miembro se lo tomó muy en serio —aparte de mí, que era solo una niña—. Había reglas. Ganaba el que más peso bajaba, tenías que comer saludable y sin trampas. Con una familia cuyo lenguaje de amor era literalmente la comida, esto fue un desafío.

Me recuerdo a mi misma teniendo 9 años y a mi hermano llevándome a algún lugar y de camino parando en un 7/11. Esperé pacientemente en el auto y cuando regresó, tenía un Kit Kat. Mis ojos brillaron porque un dulce para un niño es oro. Cuando se negó a darme una pieza, lloré y se dio cuenta de su error. Yo tenía una boca grande e, inmediatamente se retractó de su negación y me sobornó para que me callara. Con chocolate solo en mi mente, acepté. Mientras cortaba felizmente el oro sólido que se derretía desordenadamente entre mis dedos, me pregunté si podría obtener más de él. Solo si hubiera sabido más tarde que este era el último recuerdo feliz que tendría con mi hermano.

A medida que iba creciendo, mis hermanos comenzaron a mudarse y continuar con sus vidas.

Teníamos un inquilino que más tarde sería una de las personas más importantes de mi vida. Ella es mi hermana no relacionada con la sangre. Me siento más cómoda llamándola hermana a ella que a mi hermano real. Ella fue tristemente seducida por mi hermano. Borra eso, no puedo decirlo con tristeza porque si nunca lo hubiera hecho, no tendría a mi increíble sobrino. La razón por la que los mencioné es porque mi hermano comenzó a tener más problemas y esto no solo nos afectaba a nosotros, sino también a la familia que formó.

Sabía que mi hermano tenía un problema, pero no pensé que fuera un problema de drogas tan grave. Más tarde en mi vida, cómo logré llegar a la conclusión de cuán grave era el problema, fue cuando descubrí que nos robó. Le robaba a la familia que le proporcionaba todo: robó las joyas de mi madre, pero lo más importante, robó mi brazalete que me dieron al nacer. Pero aún así, eso nunca me molestaría tanto como cuando le robó a su propio hijo. Tomó las tarjetas de regalo del baby shower para venderlas.

Mi madre finalmente vio lo grave que era el problema y lo envió de regreso a Ecuador a rehabilitación para salvar la vida de mi hermano, con la esperanza de que funcionara. Alerta de spoiler, nunca funcionó hasta el día de hoy.

Dos años después de vivir en Ecuador, mis padres y yo finalmente pudimos ver a mi hermano. Emocionada, no podía esperar para verlo. En mi mente, sabía que mi familia estaba rota. Aun así, esperaba que todo saliera bien y que mis hermanos, mis padres y yo volviéramos a ser una familia feliz. Una vez que llegamos a la rehabilitación, nos reunimos todos en una habitación con el director y el terapeuta.

El terapeuta nos pidió que expresáramos nuestros sentimientos hacia mis hermanos. Fui la última. Les dije que, para mí, mi familia era como una hamburguesa con queso. Mi madre y mi padre eran los bollos; mi hermana el queso; mi abuela la lechuga; yo la hamburguesa y mi hermano la mayonesa y el kétchup. Cada uno de estos ingredientes fue seleccionado explícitamente para cada miembro de la familia. A mis padres los elegí como los bollos porque mantenían unida a nuestra familia; sin ellos, no tendríamos una familia. Mi hermana el queso porque era intolerante a la lactosa, pero disfrutaba mucho de los lácteos. Mi abuela la lechuga porque su animal favorito es una tortuga (pensé que las tortugas solo comían lechuga). Yo era la hamburguesa porque soy el mediador en nuestra familia; y fui hecha por mi madre y mi padre. Mi hermana y mi hermano están formados por un solo padre de relaciones anteriores. Mi hermano era mayonesa y kétchup porque cada vez que me llevaba a comer comida rápida, mezclaba mayonesa y kétchup, creando una mezcla de la que siempre estaré enamorada. Todos teníamos una parte en la familia. Después de decirle los ingredientes asignados, les dije que si quitaban uno de los ingredientes, la hamburguesa con queso ya no tendría el mismo sabor. Sin mi hermano, nos faltaba una pieza esencial de la hamburguesa con queso. Parece que siempre tendré esa pieza faltante.

Con el paso de los años, siempre querría ver a mi hermano en Ecuador. Iba a Ecuador casi todos los meses, pero nunca pude verlo ya que vivía en una parte diferente del país. Finalmente, mi madre y mi hermano coordinaron que me encontraría en la casa de mi tía. La primera vez canceló a último momento. Pasó la segunda vez y volvió a retirarse. La tercera lo mismo. Finalmente, llegó la cuarta vez y estaba al límite de que cancelara nuevamente, pero juró que estaría allí. Me dijo que nada en el mundo le impediría estar allí. Estaba sentado pacientemente en la habitación con mi madre cuando recibió una notificación de que él no aparecería. Llena de emoción, rompí en llanto, con el corazón roto mientras mi madre trataba de consolarme, y mientras lo hacía, me dijo 10 palabras que aún me persiguen: "Él no puede amarte si no se ama a sí mismo". Eso es todo lo que necesitaba para romperme para siempre. Ese hermano al que pasé todo este tiempo amando, esperando para convertirnos en una gran familia feliz, nunca me amaría. Estas palabras también me ayudaron a comprender que nunca recibiré el amor de mi hermana.

A los 12 años, tuve que enfrentar una situación que fue muy fuerte y que me intimidó. Me dieron las noticias que formaría parte de una clase que era diferente a la de mis amigos. Estaba en una clase que tenía un máximo de 5-7 niños. La clase en la que estaban mis amigos tenía de 20-28 niños. Nunca debí estar en esa clase. Tuve y todavía tengo una discapacidad de aprendizaje, pero se suponía que debía estar en una clase que me ayudase y no separarme. Pero, lamentablemente, la escuela me usó.

¿Cómo?, puedes preguntarte. La pequeña clase en la que me pusieron era para niños que tenían serios desafíos mentales, físicos y/o psicológicos. Cada uno de estos niños tenía un perfil sobre ello. La escuela tenía que tener una cierta calificación en cada estudiante para asegurarse de que sus promedios atrajeran a otros padres que quisieran que sus hijos se inscribieran en la escuela y posiblemente en el programa en el que yo estaba. Por supuesto, todos los demás estudiantes no tenían las mejores calificaciones porque no les importaba o mentalmente no podían. La escuela decidió engañar a mis padres para que me inscribieran en esta clase.

Todos los días en la clase, obtendría el 100% e incluso más si tuvieran crédito adicional. Sobre el papel, yo era el estudiante que sobresalía. La escuela mostró mi perfil para su propio beneficio de tener un estudiante A+ en una clase C- anteriormente. Feliz con mis calificaciones, la escuela decidió que estaría en clase todo el año. Me llevaría a casa buenas calificaciones, pero lloraba. ¿Calificaciones o la salud mental de un estudiante? Esto parece preocupar todavía a muchas escuelas. La mayoría de ellos seguiría simplemente eligiendo calificaciones para meter más dinero en sus bolsillos.

Durante ese año, se burlaron de mí por mi inteligencia, peso y apariencia. Pasé de la escuela primaria siendo el estudiante más popular a ser nada más que un paria. Caí en una profunda depresión. En esta depresión, quería una salida y quería sentirme viva cuando me sentía tan muerta por dentro. Con ese sentimiento, comencé a autolesionarme. La superficie del dolor me recordó que aunque me sentía muerta, de hecho, todavía estaba viva. Cada día pensaba en diferentes formas de suicidarme porque ya me sentía muerta por dentro. Buscaría otras formas de posibles formas de suicidarme que serían cortas e indoloras. Cada respiración que tomaba me hacía rezar para que la próxima fuera la última.

La escuela secundaria tuvo efectos duraderos de problemas de mi autoestima. Mis padres querían que tuviera buenas notas, pero si sacaba menos del 95%, yo me consideraba inútil. Probé un sinfín de dietas para adelgazar. Saltando en la báscula viendo cuál funcionaba. Cuando comenzaba mi atracón, me miraba en el espejo y me criticaba señalando todos mis defectos. Al final, yo era mi mayor enemigo. Me recomendaron ir a terapia, pero cada vez que iba, no funcionaba.

Después de años de tristeza, estaba harta de despertarme odiándome. Quería hacer algo con mi vida. Encontré mi salida que me causa la mayor felicidad. Empecé a escribir poesía. Escribí poemas sobre mi vida y mi tristeza. Finalmente encontré una forma de expresarme. Tengo páginas y páginas de poesía que tienen todos mis sentimientos; que me ayudaron a quitarme un peso de encima.

Ahora, estoy en la universidad y empecé a escribir un libro de mis poemas. Todavía lucho con la depresión, pero no tanto como en ese entonces. Soy mucho más feliz como persona y me siento más en control mentalmente. Siempre habrá gente mala que plaga la tierra, pero estar en control de lo que dejas que te afecte es tener poder. Ya no me deseo la muerte. Por primera vez en mi vida, estoy pensando en mi futuro, pensando en el mañana y entiendo que soy más fuerte sin obsesionarme con la idea que alguien tiene mi valor. El valor, el control y el poder lo tengo yo.

Blanca Zhanay

Camino de la Manera Correcta de Casa Blanca

Blanca Zhanay

Es Cuencana de la República del Ecuador. Es Ingeniero Comercial graduada en la Universidad de New York City.

Empresaria, propietaria de la Joyería Casa Blanca que lleva en existencia por décadas en el corazón de Manhattan. Gran líder Comunitaria, miembro de la Directiva de las diferentes organizaciones en New York que ayudan a las personas más vulnerables. Presidenta de la Organizaciòn #1, Mujeres Ėxitosasa N Y, secretaria de la organizaciòn CUNANY, y tesorera de la organizaciòn Farándula Global Awards. Miembra Activa de la Organizaciòn Red de Mujeres Migrantes del Consulado del Ecuador. Obtuvo reconocimiento por su labor voluntaria en las diferentes entidades: Consulado Ecuatoriano, y Cámara de Comercio Ecuatoriana Américana de New Jersey. Fué reconocida por el candidato a la Asamblea el Sr. De-Hiram Monserrate, Organización Mujeres Profesionales de N J, Madre Ejemplar por su Organización Mujeres Ėxitosas NY, Líder Ejemplar Internacional en la República de el San Salvador por sus respectivas Autoridades. En el certamen de Belleza Internacional le fue otorgado el título de Miss Turismo Internacional. Fue elegida Virreina y Reina del Club Dinosaurios del Bronx qué es un prestigioso club qué se mantiene activo por 4 décadas. Fué nombrada Embajadora por la Organización Nupe por donar casas a los damnificados por el terremoto acaecido en el Ecuador.

https://www.facebook.com/blanca.zhanay.5

Blanca Zhanay

Mi proceso de Oruga a Mariposa

Camino de la Manera Correcta de Casa Blanca

Blanca Zhanay

Sí se puede vivir con tranquilidad y ser feliz a pesar de los percances de la vida que se presentan en el diario vivir.

Casablanca ha vivido desde muy temprana edad a plenitud y también ha sentido la felicidad en su vida diaria a pesar de los contratiempos que ha podido presenciar. Nacida en la bella ciudad Cuenca, en Ecuador, Casablanca recuerda haber vivido una vida rodeada de cultura, arte, música y paisajes coloridos, propios de su ciudad natal; a pesar, también de haberse crecido en un ambiente envuelto de muchos momentos difíciles.

Aún recuerda cuando, a la edad de cuatro años, tuvo que memorizar, actuar y recitar un largo texto en el jardín de infantes para celebrar el día de la madre y para colmo, era su primera experiencia frente al público conformado por su familia y los padres de sus demás compañeritos. Casablanca se puso tan nerviosa que se olvidó de todo lo que había memorizado y, por el contrario, habló lo que no debía, inventado y expresando alegremente algo relacionado a ese momento y para su gran sorpresa, los aplausos no pararon por un gran momento. En ese momento, la pequeña Casablanca comprendió que en un momento crucial y estresante, podemos encontrar cosas positivas si tenemos una buena actitud, siendo inventivos, picarescos, alegres y con algo de tranquilidad. con inventiva, ser un poco picaresca, con tranquilidad y algo de alegría. Desde ese momento, descubrió que la vida llevadera, normal y feliz existe en los momentos difíciles y se la puede reemplazar con tranquilidad y positividad.

A sus 6 añitos ingresó a la escuela y en todo momento aplicó lo experimentado en su primera actuación en el Jardín de Infantes, razón por la que la invitaron a formar parte de la Escuela de Actuación en su escuela primaria. Siempre se llevaba la mayoría de los aplausos en sus actuaciones y en su diario vivir. Así fue como siempre estaba rodeada de sus amigas y siempre era una alegría para ellas y para los superiores contar con su presencia. Casablanca siempre aplicaba lo aprendido en su primer momento crucial y siempre le daban resultados positivos. Se caracterizó por ser una niña muy obediente y correcta; al obedecer descubrió que podía aprender muy rápido todo lo nuevo que se le presentaba en su diario vivir. Razón por la que siempre fue muy querida por las personas que la rodeaban: profesores, maestros y compañeras.

La habilidad de aprender rápidamente la ayudó a rodearse de personas de igual interés o de mejores habilidades de aprendizaje, razón por la cual siempre estuvo rodeada de mucha gente con sus mismos ideales. Al terminar la escuela primaria se llevó con ella las mejores notas, el cariño de sus compañeras y el amor de todos sus profesores.

Incluso, puede decir que fue en esa época que forjó grandes amistades que hoy por hoy, aún perduran.

En el colegio aplicó lo aprendido en su primera infancia y aquí también la invitaron a ser miembro del Teatro Profesional de la ciudad de Cuenca. Gracias a esta maravillosa oportunidad, pudo recorrer y conocer el resto del país: Ecuador. Junto con su grupo de teatro, tuvo la oportunidad de visitar aldeas recónditas y esto le enseñó a amar y respetar a sus amigos y semejantes. También pudo ver la naturaleza muy de cerca y eso la hizo apreciarla aún más.

Su capacidad de ser multifacética la ayudó a adquirir capacidades que la ayudarían a alcanzar sus objetivos en un futuro. Fue en su juventud donde descubrieron sus habilidades y la invitaron a ser parte de la radio y televisión en los programas más escuchados de Cuenca.

Debido a su participación dentro de estos programas, comenzó a ser remunerada. Casablanca recuerda que por los años setenta representó al Esposo del año 2000 de una manera comediante y fue tan graciosa que para ese entonces parecía algo irreal. Sin embargo, hoy por hoy es tan real y natural. Casablanca en esa época, comenzó a participar en cortometrajes para el canal 2, dirigida por una famosa actriz española, Osmara de León, conocida en los ámbitos de las celebridades; dueña del Teatro Candilejas. También actuó en el Canal 5 dirigida por el Sr. director Galo Orellana en los diferentes programas de ese entonces y terminó siendo parte de una película llamada "La Madre", que hoy por hoy, dicha película vive en la Casa de la Cultura de Cuenca - Ecuador.

En el colegio fue reconocida por ser una alumna de excelente y sus compañeras siempre la nombraron presidenta del grado. Su nombre cada trimestre asomaba en el cuadro de honor de todas las alumnas del colegio y siempre felicitaban a su tío, el profesor y Licenciado Modesto Zhañay, confundiéndole como su verdadero papá; sin embargo, era su tío. Debido a lo responsable que Casablanca era, su papacito, el profesor de los Orfebres de Joyería de la ciudad de Cuenca, José Zhañay le designó a cuidar de sus hermanos menores mientras él y su esposa se ausentaban por su trabajo en el exterior.

Esto le enseñó a Casablanca que los momentos cruciales lo debía atender y tomar como momentos de aprendizaje, ya que, con disciplina y responsabilidad, siempre se alcanzan buenos resultados.

Poco antes de graduarse del colegio, Casablanca aún recuerda cómo algunos de sus maestros, llegaron incluso a pelearse por su participación en los proyectos y eventos de graduación. Fue tanto así, que algunos incluso llegaron a amenazarla con no dejarla graduar si no participaba en el grupo de teatro o, en el caso de la maestra de deporte, sino dejaba el arte. No obstante, gracias a sus habilidades aprendidas de poder lidiar con diferentes situaciones, pudo sobrepasar esta prueba con amor, tiempo e inteligencia.

Tuvo que poner un esfuerzo extra para complacer a sus superiores, ya que su meta principal era asistir a la universidad; al final y como premio a su dedicación, pudo graduarse con honores, dejando así un recuerdo muy lindo en la vida de sus profesores y del colegio.

Casablanca siempre práctico lo aprendido y en su vida hubo muchos momentos llenos de amor, alegría y también tristezas. Sin embargo, siempre estuvo agradecida por ellos, ya que estos han sido los ingredientes perfectos para forjar una vida llena de amor.

En su juventud se le presentó la gran oportunidad de viajar a España con directores de teatro de renombre que visitaron su ciudad natal y que, al descubrir las habilidades de Casitablanca, llegaron a su propia casa a pedir permiso y llevarla a Europa, al continente de las grandes oportunidad para actores. No obstante, sus padres, por la seguridad de ella, de una manera muy educada les agradecieron por fijarse en su hija y les despidieron con educación, rechazando su oferta. Este momento fue crucial en la vida de Casitablanca por qué la actuación era parte de su felicidad, he ahí otro momento de su vida que tuvo que aplicar ya lo aprendido y ser positiva para seguir viviendo feliz a pesar de los momentos inesperados.

Poco después, llegó el momento de viajar al país de las oportunidades: Estados Unidos y para Casitablanca esto representó nuevas tierras, nuevas oportunidades y nuevas costumbres.

Nada fue fácil para ella, pero con lo aprendido en el pasado y con su actitud, los momentos difíciles los tomó como momentos de grandes enseñanzas. Sin idioma y rodeada de personas de diferentes culturas, tomó los momentos de dificultades con tranquilidad y positivismo, logrando superar las barreras que se le presentaron, siendo siempre feliz. Casitablanca no quiso esperar ni un minuto más y fue así como buscó a su alrededor una escuela para aprender inglés, el idioma oficial de su, a lo que Casitablanca llamaba, segunda casa y cuando menos se dio cuenta estaba asistiendo a la Universidad de New York y antes de graduarse ya trabajaba en la misma universidad. Su servicio fue desde el más sencillo entregando correspondencia en los 10 pisos que conformaban la institución para luego llegar a trabajar en el departamento de admisión, para luego terminar siendo consejera de los nuevos estudiantes que por primera vez llegaban a las puertas de la Universidad. Por su alta dedicación, e incluso antes de graduarse, a Casitablanca la reclutaron para ser escogida y en un futuro ser entrenada para trabajar en grandes empresas. Fue así como llegó a CITICORP; una de las más grandes Instituciones Financiera de los Estados Unidos.

Desde su entrenamiento y con su esfuerzo, dedicación y su gran positivismo comenzó a trabajar y su primer día como cajera en una sucursal de Citibank localizado en la Roosevelt y Junction Boulevard fue de mucho éxito. En poco tiempo Casitablanca se vio rodeada de clientes que preferían esperar en la línea para ser atendidos con cortesía, bondad y mucha alegría de parte de ella. En los días festivos incluso recibía muchos regalos. En poco tiempo le otorgaron las llaves de la sucursal, dónde abría y cerraba las puertas después de contar la gran suma de dinero de otros de los clientes de la sucursal.

No era nada fácil, más cuando sus compañeros se ponían celosos al ver la confianza que en ella se depositaba.

Muchas veces sus compañeros por su falta de madurez o a lo mejor por poco interés en su trabajo, trataban de esconder el reporte, las pruebas correctas y Casitablanca llegaba triste y muy tarde a su hogar, pero siempre tuvo la esperanza de que al otro día todo iría bien.

Un día a Casitablanca se le presentó la oportunidad de abrir su propio negocio y en poco tiempo comunicó a su supervisora. Sin embargo, esta no quiso dejarla renunciar, al contrario, la agencia le aseguró que sus puertas seguirían abiertas si, en algún momento, Casitablanca decidía volver. En su despedida se acercó uno de sus compañeros a disculparse y pedir perdón por los momentos cruciales que le causó todo el tiempo que trabajó para el banco y pidiéndole disculpas por todo el daño que le causó. Casitablanca de noble corazón le pidió a su compañero que no sé sintiera mal, que ella se olvidó de aquellos momentos difíciles. Solo le pidió que le prometiera que no lo volvería a hacer con nadie más.

Casitablanca logró por fin abrir su propio negocio en el corazón de Manhattan, un lugar feliz para ella. Su propio hogar, su casita blanca. A pesar de que sus vecinos no se lo hicieron fácil, ya que al ser mujer y ser ellos de diferentes culturas y nacionalidades, muchos tenían la firme convicción de que las mujeres son únicamente para el hogar. No obstante, Casitablanca les demostró lo contrario con su carisma y dedicación para con su emprendimiento, al punto de que, actualmente, La Joyería Casa Blanca tiene más de una década en su servicio de calidad y conocimientos, dando siempre un producto garantizado y un trato cien por ciento humano para con sus visitantes.

Con su comunidad siempre estuvo en contacto, ya sea de forma directa o indirectamente, hasta el punto de llegar a ser Gestora de Eventos en su tierra natal y en su segunda casa, la ciudad de Nueva York. Casitablanca trajo a presentar al famoso cantante Yaco Monti y llenó completamente la Sala de Presentación en Queens. Fue tanta la alegría de sus invitados que estos pidieron permiso para quedarse muchas horas más.

Casitablanca se regocijaba de felicidad al ver a sus invitados llenos de alegría. La mayoría incluso deseaba continuar y pedían ser invitados para la próxima ocasión dejando su información para asegurarse de regresar. Siendo mayor de edad Casitablanca fue invitada a participar en certámenes de belleza, en los cuales, fue elegida como Señorita Turismo durante algunos años.

Fue virreina y reina del Club Dinosaurios,

Siempre ha caminado con su comunidad y con las diferentes organizaciones donde ha podido ayudar al necesitado. Casitablanca siempre está presente en este tipo de actividades y la justicia es una de sus principales características, es por eso que ha participado en diferentes partidos políticos tanto en Ecuador como en Estados Unidos. No obstante, actualmente se dedica a ayudar al más necesitado tanto a nivel nacional como internacionalmente.

Hoy en día dirige la Primera Organización de los Estados Unidos Mujeres Exitosas NY, a la que junto con todos sus miembros dan lo mejor de ellas para que un día su historia sea conocida a nivel global. Esta es Casitablancas'way, y hoy, marzo del 2022 con gran felicidad es parte de Flutterflies de Alexandra Velez, a quien agradece infinitamente por haberla invitado a formar parte de su libro.